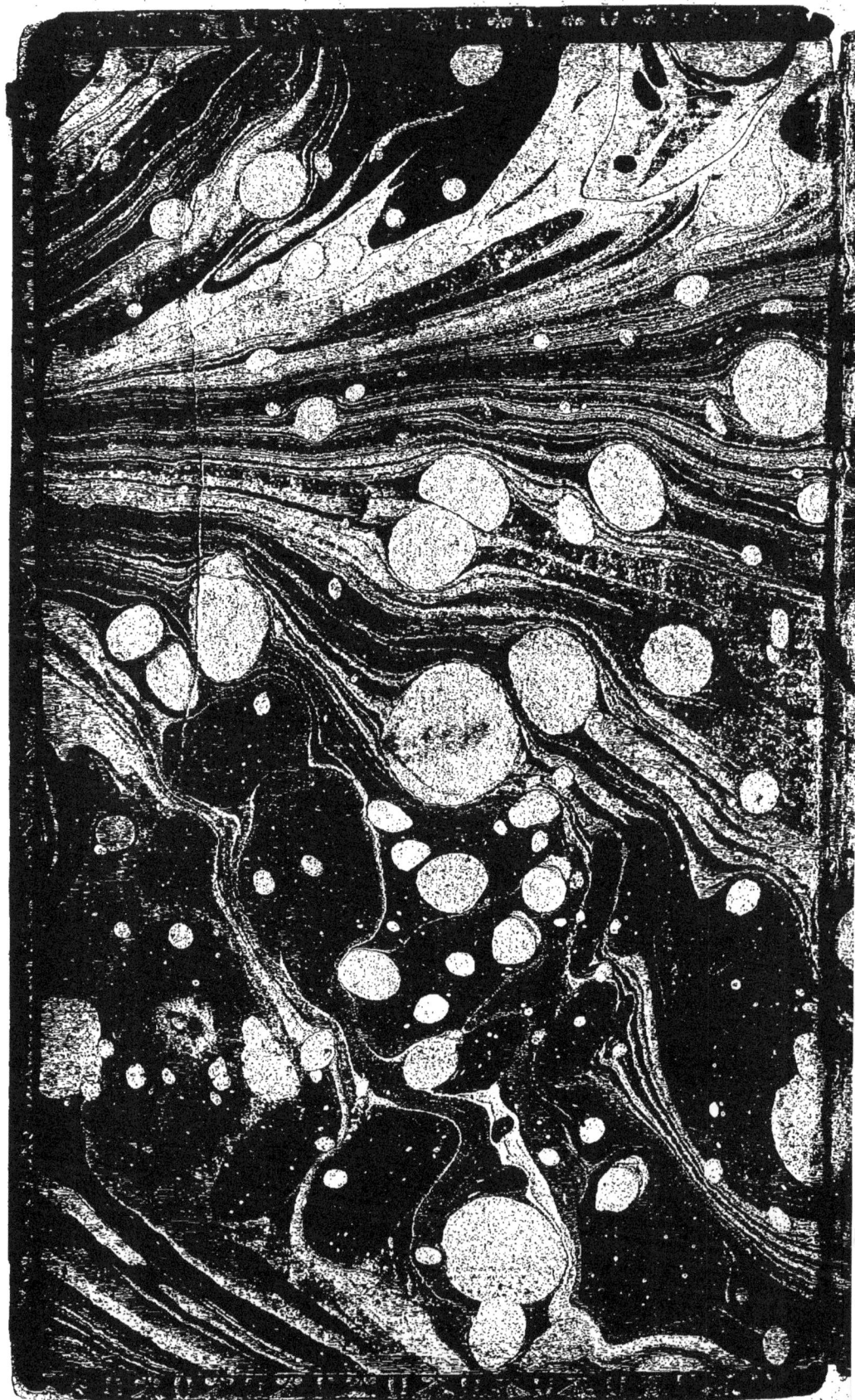

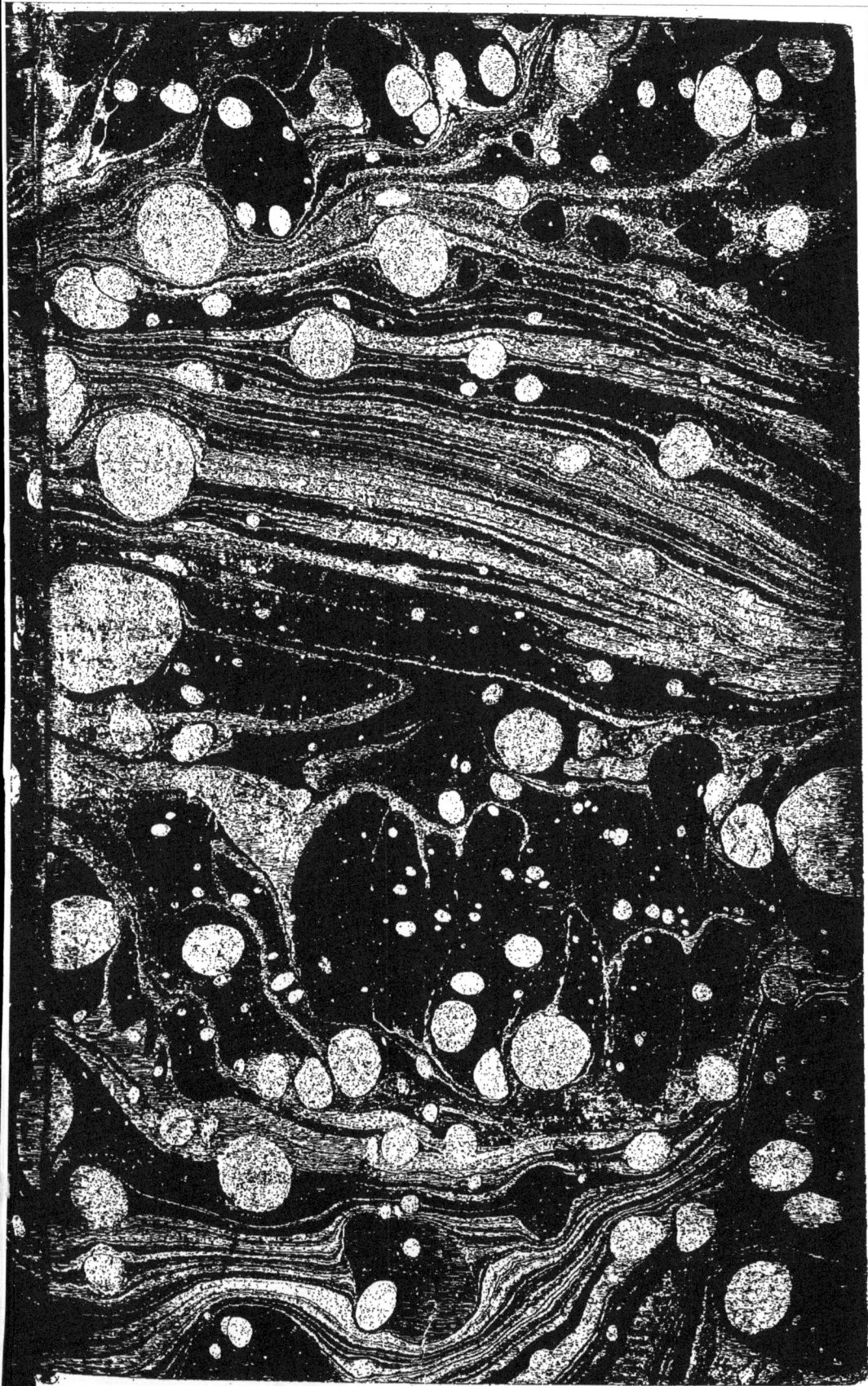

DE LA

RICHESSE

COMMERCIALE.

DE LA
RICHESSE COMMERCIALE,

OU

PRINCIPES

D'ÉCONOMIE POLITIQUE;

APPLIQUÉS

À la Législation du Commerce.

Par J. C. L. SIMONDE, Membre du Conseil de Commerce, Arts et Agriculture du Léman, de l'Académie Royale des Géorgofiles de Florence, et de la Société d'Agriculture de Genève.

TOME PREMIER.

"IT is the maxim of every prudent master of a family, never to attempt to make at home what it will cost him more to make than to buy ..... what is prudence in the conduct of every private family, can scarce be folly in that of a great Kingdom ,,. Adam Smith Wealth of nations. Book IV. Ch. II Vol. II. p. 182.

À GENÈVE,

Chez J. J. PASCHOUD, Libraire.

AN XI. (1803.)

PRÉFACE.

La science du Gouvernement, tantôt présentée par des déclamateurs et des démagogues, comme étant à la portée des esprits les plus bornés, et comme découlant rigoureusement d'un petit nombre de principes incontestables ; tantôt renfermée par des jurisconsultes et des savans systématiques au dedans d'une enceinte de subtilités métaphysiques, de calculs obscurs, de mots techniques peu entendus, et de tout l'appareil de l'érudition ; cette science, dis-je, est devenue également redoutable pour la plupart des hommes. Si quelqu'un cherche à la rendre populaire, on tremble qu'il ne

a

réveille la funeste manie de faire des
expériences sur nos intérêts les plus
chers, et qu'il n'amène le bouleverse-
ment de l'Etat pour mettre à l'épreuve
ses théories. Si un autre, au contraire,
la soumet au raisonnement et au calcul,
on croit le voir la réclamer pour le
domaine de l'ennui, on tremble en
ouvrant son livre, non du mal qu'il
peut faire, mais de la fatigue qu'il
doit occasionner au lecteur. Il est
convenable, sans doute, en présen-
tant au public un nouveau livre sur
la science du Gouvernement, de chercher à dissiper des préjugés aussi contraires à ses progrès ; de montrer d'une
part, que si quelques dangers sont
liés à son étude, ce sont des dangers qu'il ne nous est plus permis
d'éviter ; que forcés de nous y soumettre, nous devons du moins re-
cueillir en même tems les fruits qui

leur sont attachés ; de l'autre , que cette science étudiée comme elle doit l'être, ne présente pas moins d'attraits qu'aucune de celles qu'on voit poursuivre avec le plus d'ardeur.

Selon la manière dont on la cultive, cette science peut être en effet ou la plus dangereuse, ou la plus utile de toutes les études. Elle a pour but, non point des intérêts éloignés, et sur lesquels nous pouvons à peine avoir une légère influence, mais tout ce qui nous touche de plus près, tout ce qui nous importe le plus, nos loix, nos mœurs, nos propriétés, notre religion, notre liberté, quelquefois même notre existence. Lorsque les observateurs de la nature tombent, en étudiant ses loix, dans quelque erreur grossière touchant l'ordre qu'elle s'est prescrit, comme ils ne font que se traîner sur la surface de ses admirables ouvrages, sans pouvoir les altérer, elle se rit de leurs méprises, et n'en suit pas moins rigoureusement les règles invariables qu'ils ont méconnu ; mais lorsque les politiques analysent les principes et la conduite des Gouvernemens, ils s'occupent des ouvrages des hommes, que d'autres hommes peuvent altérer ou détruire. Pour opérer une révolution, non pas dans la science, mais dans les choses, il leur suffit de persuader ou de convaincre ceux qui ont le pouvoir en mains. Ah ! lorsque l'on réfléchit aux sources innombrables d'erreurs dans lesquelles les hommes sont forcés de puiser sans cesse, lorsque l'on voit le doute et l'incertitude envelopper les faits les plus rapprochés de nous, lorsque l'on a appris par une triste expérience, que les raisonnemens en apparence les plus forts et les mieux liés mènent souvent au mensonge, avec quelle inquiétude, avec quelle défiance doit-on présenter une nouvelle théorie qui peut compromettre nos intérêts les plus chers.

Doit-on cependant sur la crainte de faire le mal, se livrer à un découragement absolu, et renoncer à une étude qui a pour but de rendre les hommes heureux ? Si personne n'étoit encore entré dans la carrière politique, si aucune théorie n'avoit été prêchée avec succès, et n'avoit engagé les Peuples et les Gouvernemens à se départir de leurs intérêts les plus prochains pour en atteindre d'hypothétiques, peut-être, je l'avoue, hésiterois-je entre les dangers et les avantages d'une discussion sur un sujet si difficile à approfondir ; mais ce n'est tout au plus que l'ignorance seule, non pas l'erreur, que l'on peut préfé-

rer à la pénible recherche de la vérité.
Avant d'entreprendre un voyage, on
peut balancer entre les dangers de la
route, et les avantages qu'on en peut
retirer ; lorsqu'on chemine, et qu'on
s'est déjà égaré, ce n'est plus les dou-
ceurs du repos que l'on doit faire entrer en ligne de compte pour prendre
un parti, il n'en reste qu'un seul d'ad-
missible, celui de chercher la bonne
route, pour se hâter d'y rentrer. Puisque depuis un siècle et demi l'Europe
entière est livrée à l'étude théorique
de la science du Gouvernement ; puisque plusieurs nations l'ont appliquée,
tantôt à leur organisation politique,
lorsque par des révolutions violentes
elles ont passé du pouvoir d'un seul
à celui de plusieurs, ou de celui de
plusieurs à celui d'un seul ; tantôt à
leur législation économique, lorsqu'elles ont fait succéder les fran-

chises au monopole, et le monopole aux franchises ; tantôt à toutes les autres parties de l'administration des Etats ; puisqu'on ne retrouve point l'ancien ordre des choses, qu'on ne peut point y retourner , mais qu'il faut ou maintenir les innovations, ou leur substituer un autre système ; puisqu'il faut agir enfin ; il n'y a plus à hésiter, nous devons approfondir la théorie de cette science, et ne point nous rebuter jusqu'à ce que nous soyons parvenus à la conviction. Cette vaste carrière nous est donc ouverte, ne craignons pas d'y entrer, nous verrons qu'elle peut être parsemée de fleurs.

Sous tous les rapports la science du Gouvernement est faite pour intéresser les hommes et captiver leur attention ; l'importance, l'universalité de son objet, sa connexion intime avec tous les intérêts de la vie, avec les plus grands comme avec ceux qui renaissent chaque jour; le genre de connoissances qu'elle suppose, les bases sur lesquelles elle est fondée, les qualités de l'esprit qu'elle exige et qu'elle développe, tout est attrayant en elle, tout semble contraster avec la pédantesque pesanteur de la plupart de ceux qui l'ont professée.

Personne je l'espère, ne révoque plus en doute aujourd'hui, que les Gouvernemens ne doivent se considérer comme établis pour procurer le bien des Peuples qui leur sont soumis. La science du Gouvernement, c'est donc la science de rendre les hommes heureux; et comme le bonheur se compose d'élémens divers, on peut la définir encore, la connoissance des moyens de procurer aux Peuples la plus grande masse de liberté, de sûreté, de tranquillité, et de vertu ; de richesses, de santé, et de forces, dont ils puissent jouir simultanément.

Je vois dans la science du Gouvernement deux branches importantes, dont chacune se subdivise en un grand nombre de moindres rameaux ; l'une a pour but les principes de sa constitution, l'autre, les règles de sa conduite : la première par l'établissement de la vraie liberté, élève le caractère du citoyen à la grandeur, à la noblesse et à la vertu, tandis que par l'affermissement de l'ordre, elle pourvoit à sa sûreté et à son repos : la seconde, par l'adoption d'une sage législation économique et financière, fait fleurir les arts, le commerce et l'agriculture, élevant ainsi une nation par la richesse et la puissance au plus haut degré de prospérité. La première

partie de la tâche de l'administration
dépend de la constitution même du
Souverain, et du contrat qui a pré-
cédé la formation du Gouvernement :
cette partie de la science n'est pas
d'un usage habituel ; elle doit être
réservée aux hommes libres, et aux
siècles libres ; elle enseigne quels sont
les élémens des bonnes constitutions,
les bases sur lesquelles on peut asseoir
la vraie liberté, et les appuis par lesquels on peut assurer les droits des
citoyens ; c'est elle qui constitue la
politique proprement dite.

La seconde partie de la tâche imposée aux Gouvernemens en les char-
geant de faire le bien des Peuples, et
la seconde branche de la science qu'ils
doivent professer, consiste à conduire
les citoyens commis à leur charge vers
la richesse, et l'Etat vers la puissance,
en augmentant les revenus de la so-

siété : c'est là l'ECONOMIE POLITIQUE ,
science d'un usage bien plus général ,
quoiqu'elle ne soit pas d'un plus grand
intérêt que la politique elle-même ,
parce qu'on peut également la mettre
en pratique dans tous les tems et dans
tous les lieux. Le Gouvernement qui
adopte ses principes, en retire un égal
avantage , sur quelque base qu'il soit
lui-même fondé ; sa richesse et sa
puissance sont toujours le résultat de
la richesse et de la population de ses
Etats, qu'elle lui apprend à augmenter;
et soit qu'il se propose de rendre les
citoyens heureux , ou de devenir lui-
même formidable, toujours il se con-
duira d'après les règles qui peuvent
accroître son opulence, dès qu'il les
aura reconnues pour certaines , toujours il augmentera les jouissances des
citoyens , ou il soulagera les peines
des sujets.

Laissons de côté pour à présent la politique, puisqu'elle n'entre point dans le plan de cet ouvrage; il seroit peut-être imprudent de chercher de nouveaux adversaires, en combattant ici les préjugés de ceux qui la redoutent : tenons-nous en à l'économie politique : il ne devroit pas être difficile, ce me semble, de faire sentir aux hommes tout l'intérêt d'une science qui a pour but d'augmenter les richesses, ou en d'autres termes, de multiplier les jouissances, de les mettre à la portée d'un plus grand nombre d'hommes, et de les étendre plus loin : chacun en son particulier, il est vrai, n'en deviendra pas plus riche, pour avoir étudié l'économie politique ; mais tous le deviendroient, tous jouiroient d'une plus grande aisance, si le Gouvernement en adoptoit les principes ; tous aussi en l'étudiant, lui verroient réfléchir la lu-

mière sur l'objet le plus habituel de
leurs pensées et de leurs désirs. Il
n'est aucun des intérêts journaliers de
chaque citoyen, qui ne tienne par quelque côté à l'économie politique; il ne
se vend rien, il ne s'achète rien, il
ne s'échange rien, sans que les conditions du marché ne se ressentent plus
ou moins de l'influence des loix portées sur cette partie : la rente des
terres du cultivateur et du propriétaire, l'intérêt des fonds du capitaliste,
les profits du commerce, les salaires
des journaliers, les dépenses de tous
les membres de la société, et les jouissances qu'ils obtiennent en retour ;
tout se règle d'après des principes dont
l'économie politique peut seule donner
la clef. Le caractère des citoyens est
intimément lié avec leurs intérêts pé-
cuniaires, aussi les mœurs d'une nation,
ses habitudes, son tour d'esprit, sa

croyance, tout est enchaîné à l'économie politique. Comment chaque membre de la société ne chercheroit-il pas à connoître la juste mesure de ses devoirs et de ses espérances? Comment l'ami de l'humanité ne voudroit-il pas étudier jusqu'à quel point peut se réaliser son vœu de multiplier les jouissances pour tous les hommes, de rapprocher les pauvres du bonheur? Comment une science qui est de toutes parts en contact avec nous, ne réclameroit-elle pas notre attention?

Les études préparatoires pour cette science ne sont guère moins intéressantes que son objet; ce n'est pas sur des calculs arides qu'elle est fondée, ce n'est pas non plus sur un enchaînement mathématique de théorèmes, déduits d'axiomes obscurs, donnés pour des vérités incontestables; c'est en enseignant ainsi la science qu'on a égaré ses disciples, et rebuté ceux qui lui sont étrangers. L'économie politique est fondée sur l'étude de l'homme et des hommes ; il faut connoître la nature humaine, l'état et le sort des sociétés en différens tems et en différens lieux, il faut consulter les historiens et les voyageurs, il faut voir soi-même ; non-seulement étudier les loix, mais savoir encore comment elles sont exécutées, non-seulement compulser les tableaux d'exportation et d'importation, mais connoître la face du pays, entrer dans le sein des familles, juger de l'aisance ou de la gêne chez la masse du peuple, vérifier les grands traits par des observations de détail, et rapprocher sans cesse la science de la pratique journalière. Une pareille étude peut être longue, mais elle n'est certainement ni sèche ni rebutante : c'est la philosophie de l'histoire et des voyages, c'est le flambeau de la critique porté sur ce qui nous touche de plus près, les causes du bonheur de nos semblables.

Le genre de connoissances qu'elle demande, indique aussi la tournure d'esprit qu'elle requiert ; comme exercice des facultés mentales, comme formant au grand art d'observer, cette science peut aller de pair avec les plus éminentes. L'observation donne à l'esprit de la justesse, et jamais cette qualité, nécessaire partout, n'a été plus éminemment requise que pour l'économie politique : celui qui l'étudie, cheminant toujours entre les préjugés et les systèmes, toujours en cherche de la vérité, et toujours en danger de la dépasser, tomberoit d'erreurs en erreurs, dès qu'il se seroit une fois contenté d'une seule idée louche

louche ou obscure, dès qu'il n'auroit plus assis ses raisonnemens sur les bases de la logique et d'un jugement droit, dès qu'il abandonneroit cette saine critique qui distingue les faits avérés d'avec les rumeurs populaires, ou les exagérations de l'esprit de parti.

Par la raison même que l'économie politique est en contact avec tous nos intérêts, elle l'est aussi avec toutes nos connoissances, elle l'est au moins avec toutes celles qui procurent à l'homme quelque jouissance, et ajoutent ainsi à la masse de ses richesses : il y a bien peu de choses qu'il soit permis d'ignorer complètement à celui qui cultive cette science.

Rien ne relève davantage l'homme à ses propres yeux, que la comparaison de l'étendue des connoissances humaines, avec la foiblesse et les étroites limites de l'entendement de cha-

b

que individu. Dans le cercle immense des sciences que l'homme cultive, l'économie politique, la science même du Gouvernement, n'occupent qu'un petit espace, et cependant lorsqu'un seul homme veut parcourir cet espace, il s'apperçoit bientôt de la vanité de son entreprise, et de l'insuffisance de ses foibles moyens, pour embrasser ce qui est infini; mais en même tems qu'en mesurant sa vie et ses forces, il sent l'impossibilité de tout connoître, quand il n'examine que ses facultés, il voit qu'elles sont faites pour tout concevoir.

On verra bientôt que dans l'ouvrage que je présente au public, je n'ai pas même embrassé l'économie politique entière, ou cette science, qui nous indique les causes de la richesse des nations, l'influence du Gouvernement sur elles, et leur réaction sur le Gouvernement. Je me suis attaché à une

seule de ses parties, son application
à la législation du commerce; et cependant cette partie elle-même est sans
bornes. Les sciences humaines sont
comme des secteurs de cercles con-
centriques dont le nombre est infini ;
l'homme est placé à leur centre, il
voit entre chaque rayon une science,
il découvre ainsi l'enchaînement et
les rapports des unes avec les autres,
mais plus la science s'éloigne de sa
vue et de sa portée, plus elle s'élar-
git, plus elle s'étend ; il a beau la diviser et la subdiviser, chacune de
ses portions est illimitée, et fait partie
de l'infini.

Qu'on ne s'attende donc point à
trouver dans ce livre tout ce qui auroit dû en faire partie, on n'y trouvera
pas seulement tout ce que je sens
moi-même que j'aurois dû y faire entrer ; mais il est facile de tracer des

quadres, et difficile de les remplir;
il est facile d'indiquer les qualités et
les connoissances nécessaires à un écrivain, et difficile de les acquérir. Tel
qu'est cet ouvrage cependant, je me
flatte qu'il sera utile, j'ai même l'es-
pérance que la plupart des lecteurs,
quoiqu'étrangers à l'économie politique,
y trouveront quelqu'intérêt. Je crains
d'autre part que ceux qui connoissent
déjà la science, et qui l'ont étudiée
dans les bonnes sources, ne soient
repoussés par la lecture des trois premiers chapitres, puisque ceux-ci ne
contiennent presque aucune idée vraiment neuve pour quiconque a bien
étudié Adam Smith; plusieurs de
ces idées ont même été commentées
depuis lui, et représentées de mille manières. Quelquefois dans le premier
chapitre, je n'ai eu d'autre parti à
prendre, que celui de répéter ce que

Mr. Canard a dit tout dernièrement mieux peut-être que moi. En se mettant en route, il faut bien passer tous dans la même ornière, à moins qu'on ne veuille abandonner celle de la vérité, parce qu'elle est trop rebattue. J'ai tâché seulement de répéter ces premiers principes avec autant de brièveté que je pouvois le faire, en leur conservant leur clarté; de les présenter tous à la fois, d'en rappeler que l'auteur que je viens de citer avoit abandonnés, ou que le commentateur d'Adam Smith avoit combattus; enfin de préparer complétement le lecteur pour l'intelligence de la théorie qui est exposée ensuite. Cette récapitulation me paroît nécessaire, aussi bien pour ceux qui sont le plus versés dans la science, que pour les écoliers; sans elle les premiers auroient peine à comprendre l'examen des revenus et des dépenses de la société que j'entreprens immédiatement après, et les recherches sur leur balance; questions les plus importantes peut-être de toutes celles qui sont traitées dans cet ouvrage.

Je remarquerai en terminant cette préface, un inconvénient auquel se trouvent exposés ceux qui écrivent sur l'économie politique; leurs ouvrages demandent autant de méditation, de travail, et de tems, que les recherches les plus laborieuses de l'antiquaire, ou les observations les plus exactes du naturaliste. Cependant, tandis qu'il leur faut quelquefois des mois et des années pour méditer les effets d'un système quelconque de législation, le Législateur change tout, renverse tout en peu d'heures; le travail qu'ils ont fait, reste superflu, et d'autre part les nouveaux règlemens qu'ils voient

éclore, ne sont point analysés. Le lecteur pourra remarquer dans cet ouvra-
ge-ci même, que je mé suis plus d'une
fois occupé de loix qu'on amplifioit,
qu'on altéroit, ou qu'on détruisoit, tandis que j'écrivois : j'ai cru cependant
devoir m'arrêter pour les changemens
à une certaine époque, et ne pas me
mettre hors d'haleine pour rejoindre
sans cesse des Législateurs qui vont
plus vite que moi.

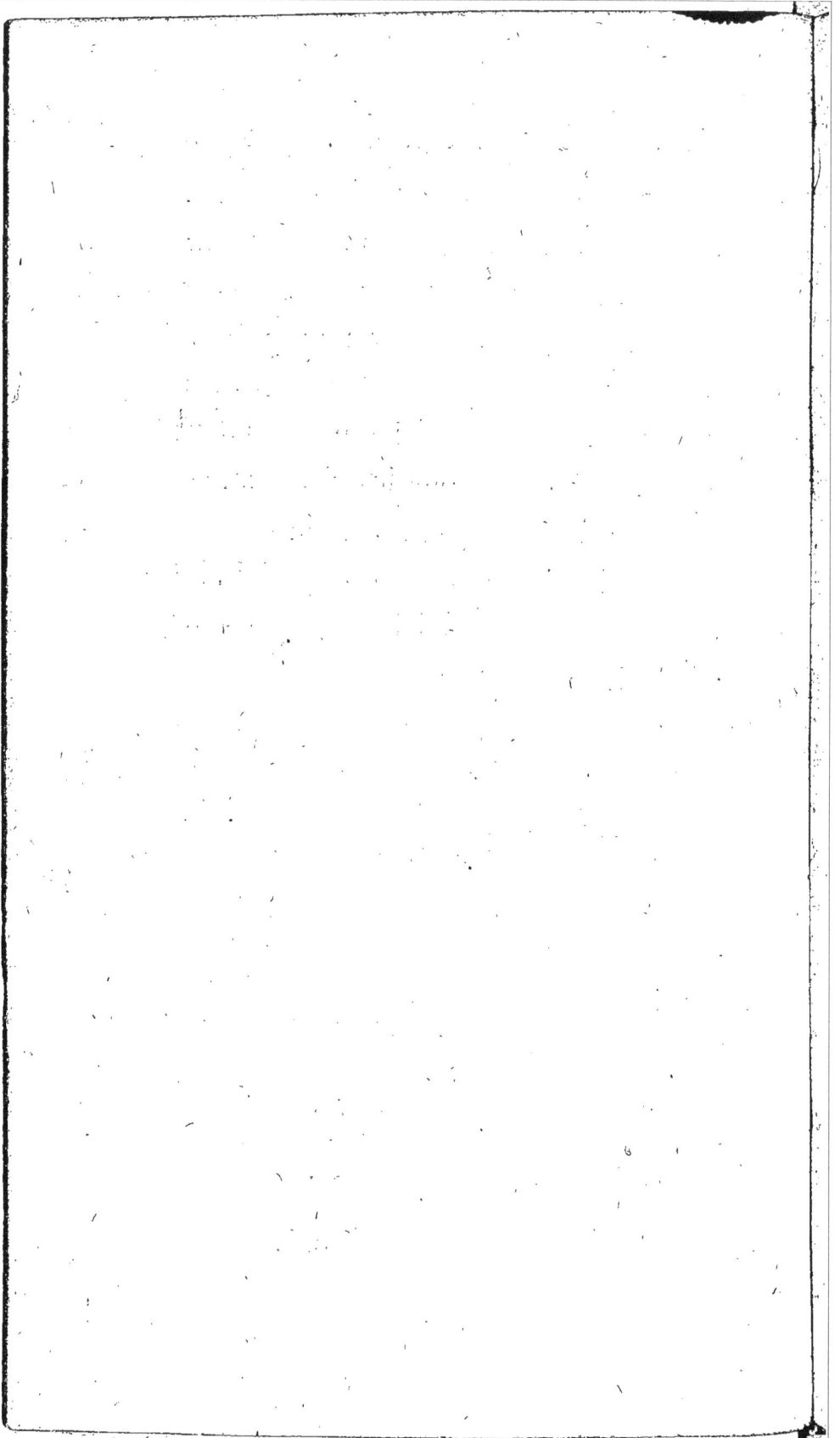

TABLE

ANALYTIQUE

DES MATIÈRES.

TOME PREMIER.

L'ON a cru rendre service au lecteur, en plaçant à la tête de cet ouvrage, une Table analytique très détaillée, qui en indique toutes les idées principales, ainsi que leur filiation. Cette Table, à peu de changemens près, n'est autre chose que le canevas que l'auteur avoit tracé d'avance, et qui lui a servi à la composition de son livre.

INTRODUCTION.

LIVRE PREMIER.

DES CAPITAUX.

CHAPITRE PREMIER.

Origine de la richesse nationale.

CHAPITRE II.

Des capitaux fixes.

CHAPITRE III.

Des capitaux en circulation.

CHAPITRE IV.

Revenus et dépenses de la société; leur balance.

CHAPITRE V.

Du numéraire.

c ij

CHAPITRE VI.

Du capital immatériel, ou des créances.

LE numéraire ne donne aucune rente, mais le capital immatériel créé par la cession du numéraire paroît en donner une. 158

L'existence du capital immatériel a fort

c iij

CHAPITRE VII.

Balance des importations et exportations.

CHAPITRE VIII.

*Rapidité comparée de la circulation de la Richesse
mobiliaire.*

CHAPITRE IX.

Direction naturelle des Capitaux.

LIVRE SECOND.

DES PRIX.

CHAPITRE PREMIER.

Quelle est l'origine du prix de chaque chose.

1.º *Prix du vendeur.*

2.º *Prix de l'acheteur.*

CHAPITRE II.

Du prix numérique et du prix réel des choses.

d

CHAPITRE III.

Conformité de l'intérêt du consommateur avec l'in-
térêt national.

d ij

TOME II.

Suite du Livre second.

CHAPITRE IV.

Des impôts qui n'altèrent point les prix , mais se prélèvent sur la rente des immeubles.

CHAPITRE V.

*Des impôts qui altèrent le prix des marchandises
et qui sont payés par le consommateur.*

CHAPITRE VI.

Des impôts sur les objets de première nécessité.

CHAPITRE VII.

De l'influence des autres impôts sur la richesse nationale.

CHAPITRE VIII.

Des loix portées à dessein d'élever les prix.

CHAPITRE IX.

Des loix portées à dessein d'abaisser les prix.

LIVRE TROISIÈME.

DES MONOPOLES.

CHAPITRE PREMIER.

De la législation du Commerce.

CHAPITRE II.

De l'influence des douanes sur les manufactures Françoises.

ses

e

CHAPITRE III.

Comment atteindre le but que s'étoit proposé le Législateur lorsqu'il établit la douane.

———

e iij

CHAPITRE IV.

Des Apprentissages.

CHAPITRE V.

Des maîtrises, des corps de métier, et de leurs
statuts.

CHAPITRE VI.

Des compagnies de commerce.

312

CHAPITRE VII.

Des Colonies.

CHAPITRE VIII.

Des traités de commerce.

                                   Les

f

405

408

CHAPITRE IX.

Des ports francs.

Fin de la Table.

DE LA
RICHESSE COMMERCIALE,

OU

PRINCIPES

D'ÉCONOMIE POLITIQUE,

APPLIQUÉS

à la Législation du Commerce.

INTRODUCTION.

IL convient peut-être toujours de diviser les études quand on veut assurer leurs succès , mais il y a peu de sciences qu'il importe plus de partager en plusieurs branches que celle de l'économie politique , parce qu'il y en a peu de plus vastes , ou qui demandent pour les posséder en leur entier une plus grande variété de connoissances.

L'économie politique nous enseigne à con-

Tome I.   **A**

noître la nature et à démêler les causes de
la richesse des nations; cependant cette
richesse étend son influence sur le commerce,
l'agriculture, la population, le Gouvernement, les mœurs, et la force comparée
des nations ; chacune des parties de l'administration influe à son tour sur elle. Il appartient, il est vrai, à l'homme d'Etat, de saisir
tout cet ensemble ; mais les écrivains qui
voudront lui être utiles, et servir en même
tems leur patrie, devront se partager entre
les diverses branches de la science; ce n'est
que de cette manière qu'ils pourront les
approfondir, et répandre un nouveau jour
sur elles.

C'est sur-tout d'après le sentiment de ma
propre foiblesse que j'ai reconnu la nécessité de restreindre un sujet si vaste, et de
me borner à une seule d'entre ses parties.
Les rapports de l'économie politique avec la
législation commerciale sont l'unique objet
de cet ouvrage ; c'est-à-dire, que je me propose d'examiner quelle influence le Législateur exerce sur la richesse nationale,
lorsqu'il entreprend de diriger le commerce,

ou que même sans le vouloir il lui donne quelque impulsion.

Mais, quelque limité que soit le plan que j'ai dessein de suivre, il faut le rattacher au système général de la science, pour déduire de ses vrais principes les conséquences que je devrai en tirer : il est nécessaire pour cela que le lecteur remonte avec moi aux bases fondamentales de l'économie politique, et cherche à les reconnoître, ou plutôt à les fixer invariablement. On peut s'étonner de ce qu'on les regarde encore comme incertaines ; mais les progrès qu'on a fait dans cette étude ne sont point proportionnés au nombre des écrivains qui s'y sont livrés depuis peu. On les voit élever système contre système , se contredire , se combattre , fermer les yeux à l'évidence , méconnoître l'autorité de l'expérience lorsqu'elle se refuse à justifier leurs théories , et toujours perdus dans un monde imaginaire, demeurer étrangers à celui auquel ils dictent sans cesse des loix. Les Gouvernemens témoins de leurs controverses , et les entendant invoquer de part et d'autre le raisonnement , le calcul ,

et la théorie , regardent en pitié leurs con-
tradictions , les traitent presque de visionnai-
res , et se refusent également à adopter et les
erreurs et les vérités qu'ils publient.

Un seul homme a mesuré dans l'étendue
de son esprit toutes les profondeurs de l'économie politique , il s'est avancé à pas de
géant dans la carrière , tandis que tous ses
rivaux se combattoient et se combattent
encore autour du point de départ; il a étonné
par la force de ses conceptions , il a recueilli
des applaudissemens universels , mais au
moment même où l'on lui a décerné le prix
de la course , on a perdu de vue la route
qu'il avoit parcourue , et ses succès n'ont en-
couragé presque personne à suivre ses traces :
le nom d'Adam Smith n'est jamais prononcé
sans un juste tribut d'éloges , mais son
autorité est méconnue , et ses leçons restent sans fruit.

Je sens bien que lorsque l'on met l'autorité d'un seul homme en opposition avec
celle de tout l'univers , on excite une juste
défiance , et que les gens sensés se refusent
à croire qu'une seule tête ait réuni des

connoissances qui auroient échappé à tous les esprits ; aussi n'est-ce pas sous ce point de vue qu'on doit présenter Adam Smith, la science qu'il a le premier professé avec succès est nouvelle : il n'y a guère que cent trente à cent quarante ans que Colbert se figura qu'il appartenoit aux Gouvernemens d'enrichir les peuples soumis à leur empire : jusqu'à lui on avoit laissé les intérêts particuliers suivre leur pente naturelle, et l'on s'en étoit remis à leur activité du soin d'élever des fortunes. Le système mercantile qu'embrassa Colbert fut depuis adopté par d'autres Gouvernemens, il fut soutenu et développé par des négocians intéressés à justifier les faveurs qu'on leur accordoit, mais il se passa long-tems encore avant que d'autres qu'eux portassent sur cette matière le flambeau de la critique (1). Les expé-

(1) Adam Smith donna ses premières leçons sur l'économie politique en 1752 ou 1753, mais il ne publia son ouvrage qu'au commencement de 1776. Le docteur Quesnay et Mr. Turgot fondèrent la secte des économistes vers 1760.

A 3

riences de la politique sont plus lentes que
celles de la physique ou de la chimie, il
n'est pas permis en tout tems et en tout
lieu d'occuper le public de leurs résultats,
et si nous réfléchissons aux événemens qui
ont troublé l'Europe, depuis que les économistes en France, et Adam Smith en Angleterre, ont attaqué le système mercantile,
nous cesserons de nous étonner que leurs
discussions et les lumières répandues par
le dernier n'aient pas produit plus d'effet,

Les progrès de l'économie politique ont
été arrêtés par un autre obstacle encore,
c'est l'esprit de système qui a dominé sur
cette science plus que sur toute autre : les
théories ont régné sur elle avec une puissance d'autant plus absolue que sa difficulté
et son obscurité laissoient moins de moyens
de les combattre : on se rallie autour des
mots lorsqu'on ne peut le faire autour des
idées. Deux sectes diamétralement opposées,
celle des Mercantiles, et celle des Econo-
mistes se sont élevées l'une contre l'autre,
chacune a triomphé à son tour, et chacune
a fait pâtir la société de sa victoire : cepen-

dant les nations alternativement victimes de l'une et de l'autre, n'ont point encore appris à se tenir en garde contre des exagérations toujours ennemies de la vérité. Les opinions d'Adam Smith gardent un milieu entre les deux extrêmes, et cette circonstance suffiroit seule pour leur faire trouver peu de partisans ailleurs que chez les vrais penseurs : de plus elles n'ont rien de ce qui assure des succès auprès du vulgaire ; elles ne peuvent non plus captiver ces demi - savans qui ne cherchent qu'à prendre un parti, et qui veulent juger l'économie politique sans l'avoir étudiée, parce que les idées fondamentales sur lesquelles elles reposent, ne sont ni simples ni frappantes, que l'on ne peut les bien saisir que par l'étude de tout le système, ni se convaincre des principes que quand on en connoît les conséquences.

On peut regarder comme servant de base à tout système d'économie politique, la décision de cette question importante, *en quoi consiste la richesse d'une nation?* C'est la règle d'après laquelle on doit juger

toutes les loix destinées à l'accroître ou
à la conserver.

La richesse d'une nation, répondent les
Mercantiles, c'est l'argent, ou le numéraire
accumulé chez elle; comme avec lui tout
s'achète, plus une nation aura d'argent,
plus elle sera riche : cette opinion qui est
absolument erronée, est d'autre part parfaitement facile à saisir : elle s'accorde avec
les préjugés de tous les hommes, aussi la
prennent-ils volontiers pour point de rallie-
ment. Il arrivera même peut-être que plus
les argumens qu'il faudra employer ensuite
pour la soutenir, seront inintelligibles, moins
ils seront contestés : celui qui les expose
aime faire juger de sa capacité d'après la
profondeur apparente des idées qu'il développe, et son auditeur se donne bien de
garde d'élever des doutes qui sembleroient
indiquer les bornes de son intelligence : En
énonçant le premier axiome, on l'a plus qu'à
moitié persuadé, et la vanité fait tout le
reste de l'ouvrage de la conviction.

La richesse d'une nation, répondent les
Économistes, n'est point le numéraire;

celui-ci n'en est qu'un signe, souvent très-disproportionné avec la masse totale; mais cette vraie richesse, c'est le produit annuel de la terre; elle seule en effet est productive; les arts et le commerce transforment et dénaturent les présens qu'elle fait à l'homme sans les augmenter; ils accumulent sur une petite quantité de matière manufacturée, les moissons de plusieurs campagnes, consommées par ceux qui l'ont travaillée : cependant tous les produits de l'art ne peuvent qu'être égaux au produit de la terre qui a nourri les artisans. Cette seconde théorie plus ingénieuse que la première sans être plus vraie, a quelque chose de philosophique qui séduit sur son simple énoncé, et ce n'est pas sans une étude approfondie que l'on démêle à quelles erreurs elle peut conduire.

La richesse d'une nation, répond Adam Smith, c'est l'accumulation du travail productif : or, comme les fruits d'un travail de ce genre peuvent toujours s'échanger contre un nouveau travail d'une valeur égale, une nation est riche en raison du travail productif qu'elle a fait, ou du travail qu'elle peut exiger en retour, ce qui est la même chose. Cette réponse suppose qu'on a admis une distinction entre le travail productif dont les traces sont matérielles, lequel ajoute à la valeur de la chose qui en est l'objet une autre valeur proportionnée à la peine qu'elle a coûté, et le travail improductif, lequel ne porte sur rien de matériel, et ne laisse derrière lui aucune trace susceptible d'être donnée ou reçue en échange. Fondée sur une distinction difficile à saisir, la réponse paroît moins frappante et moins simple que celle qui sert de base aux deux autres systèmes, et le peu de clarté de ces premiers principes a rebuté bien des commençans.

Il y a peu d'années que le Dᵣ. Herrenschwand a annoncé une quatrième théorie différente de toutes celles de ses prédécesseurs : cependant comme il n'a point abordé la question fondamentale, *en quoi consiste la richesse d'une nation ?* nous pourrions presque nous dispenser de parler de lui : Son système qui n'est pas facile à saisir est

fondé sur la supposition que le numéraire
est essentiellement possédé tout entier par
le Gouvernement, et qu'il est donné ensuite
par lui en échange aux artisans et aux agriculteurs, contre les produits de leur travail.
Pour fournir à ce courant continuel d'espèces qui peut seul selon lui animer l'industrie d'un peuple, il propose d'autoriser le
Gouvernement à émettre chaque année du
papier de crédit pour une somme toujours
plus forte, lequel aura les mêmes effets que
le numéraire : si c'est d'après cette nouvelle
doctrine que nous devons juger des progrès
qu'a fait de nos jours la science de l'économie
politique, il faut convenir qu'ils ne sont pas
flatteurs pour l'entendement humain.

Les faux raisonnemens des nouveaux adep-
tes, les erreurs des économistes, la marche
incertaine, embarrassée, et contradictoire de
tous les Gouvernemens de l'Europe, m'ont
convaincu de la nécessité de poser encore
une fois tous les principes fondamentaux
de l'économie politique, d'en faire voir clairement l'enchaînement, et de les appuyer
sur de nouvelles preuves, avant que de

prétendre en faire l'application. C'est en vain que le profond auteur du traité sur la richesse des nations a reconnu toutes les vérités fondamentales qui devroient servir de règle aux Législateurs ; son livre qui manque, il est vrai, de méthode, n'est compris presque de personne, on le cite sans l'entendre, peut-être sans le lire, et le trésor de connoissances qu'il renferme est perdu pour les Gouvernemens.

En marchant sur les traces de cet homme célèbre, et en développant les principes qu'il a posé le premier, je puis donc encore espérer d'être utile, si je réussis à profiter des travaux de mes prédécesseurs, de manière à répandre plus de jour sur la science qu'ils ont professée, à approprier à la France et à sa législation, les conseils qu'Adam Smith destinoit sur-tout à l'Angleterre, enfin à présenter l'économie politique dans un ordre plus régulier, et qui n'exige pas de la part des lecteurs de si grands efforts d'attention. Si je puis être compris sans fatigue, je ne doute guère de convaincre ; la doctrine du philosophe anglois est si parfaitement liée, elle est si étrangère à toute espèce d'exagération, elle répond si clairement à toutes les questions qui se présentent, elle a été si bien confirmée par tous les événemens postérieurs à son auteur, événemens dont il semble avoir prévu les suites, qu'on ne peut la bien connoître sans céder à son évidence.

L'économie politique est la science du Législateur, s'il n'en possède pas l'ensemble il court risque de contrarier par ses loix les progrès de la prospérité nationale. Mais toutes ses parties ne sont pas d'une égale importance pour lui, il en est qu'il peut ne considérer que comme une belle théorie servant à éclairer les faits qu'il a sous les yeux; c'est pour lui une étude contemplative qui développe les facultés de son esprit, sans être d'un usage direct et pratique; l'application de quelques autres ne se présente que rarement et pour des cas particuliers; mais il en est aussi qu'il peut à peine perdre de vue un moment sans s'exposer à des erreurs dangereuses. Celle que nous avons entrepris de traiter est de ce genre. Tous

les États de l'Europe ont des loix dispositives
et générales sur le commerce, portées dans
le but d'accroître la richesse nationale; il
faut donc que le Législateur, soit qu'il veuille
les maintenir ou les corriger, se fasse une
idée précise de la nature et des causes de
cette richesse.

Trois séries de questions se présentent à
lui lorsqu'il examine les rapports de l'économie politique avec la législation du commerce, et c'est aussi en trois livres que
nous diviserons cet ouvrage. Dans le premier
intitulé DES CAPITAUX, nous examinerons en
quoi consiste la richesse d'une nation, quels
sont ses divers capitaux, comment ils four-
nissent un revenu à chaque citoyen, comment ils circulent, comment enfin et dans
quel ordre ils s'accroissent.

Dans le second intitulé DES PRIX, nous re-
chercherons d'après quelles bases se fixe le
prix de chaque chose, comment il est susceptible de diverses évaluations, quel est
l'intérêt national dans la détermination des
prix, et comment le Législateur les altère
soit pour procurer un revenu au Gouverne-

ment, soit d'après le système qu'il a adopté en croyant servir le public.

Dans le troisième livre enfin nous chercherons à apprécier les divers expédiens par lesquels des Législateurs modernes ont cru favoriser le commerce, soit à l'intérieur, soit entre une nation et ses colonies, soit enfin entre elle et des étrangers; comme en dernière analyse ils n'ont fait autre chose qu'assurer à leurs marchands un privilége exclusif pour les aider à mieux acheter et mieux vendre, le troisième et dernier livre sera intitulé DES MONOPOLES.

Toute l'économie politique dans ses rapports avec le commerce est donc réduite ici à trois titres principaux, les capitaux, les prix, les monopoles. Je ne me suis point dissimulé qu'il manque à cette division le caractère essentiel d'être complète. En prenant le corps dans son entier, tout ce qui lui appartient ne se trouve pas nécessairement compris dans l'une ou dans l'autre partie, tout ce qui entre dans l'une n'est pas nécessairement exclu de l'autre; mais il faut se rappeler que je n'ai point entrepris de traiter de toute l'économie politique, bien que toutes ses branches soient liées. M'appliquant uniquement à la richesse commerciale, j'ai choisi au milieu du nombre infini de fils entremêlés qui se présentoient à moi, les trois écheveaux qui tenoient de plus près à cette partie de la science, et je me suis étudié à les suivre jusqu'au bout. Au reste cet ouvrage peut être soumis encore à une autre division qui n'échappera sans doute pas au lecteur. Le premier volume qui contient le premier livre et trois chapitres du second, en comprend toute la partie théorique, c'est dans celui-là que sont développés tous les principes de la science, tandis que l'usage qu'on en peut faire est plutôt indiqué que démontré. D'autre part le second volume est consacré à en faire l'application habituelle, à passer en revue les loix de la France et l'état actuel de son commerce, à solliciter les changemens que la liberté et la prospérité de ce commerce réclament, et à ramener sans cesse les faits sous les yeux du lecteur. Le premier volume est donc plus particulièrement des-

tiné

tiné aux principes de l'économie politique, et le second à la législation commerciale.

L'on me reprochera peut-être d'avoir fait entrer dans ce plan quelques discussions concernant les impôts , qui bien que du ressort du Législateur, ne sont pas de celui du commerce ; mais j'ai cru qu'il ne falloit point , par une sévérité mal entendue , tronquer les sujets que je traitois, et exclure de mon ouvrage les développemens du système que j'exposois, dès qu'ils en altéroient tant soit peu l'unité ; si je ne suis pas à cet égard absolument exempt de blâme , tout au moins espérai - je pouvoir obtenir l'indulgence de mes lecteurs , à laquelle je sens bien que je serai souvent forcé d'avoir recours.

Tome I. **B**

LIVRE PREMIER.

DES CAPITAUX.

CHAPITRE PREMIER.

Origine de la richesse nationale

La source commune de toutes les richesses des hommes, c'est le travail ; il a créé les unes, il a donné de la valeur aux autres. L'accumulation du travail productif d'une nation forme donc son capital, et lui donne en même tems le droit, ou plutôt le moyen, de faire exécuter un nouveau travail égal en valeur au premier ; en sorte qu'une nation est riche, en raison de l'ouvrage qu'elle a fait, ou de celui qu'elle peut exiger, ce qui est la même chose.

B 2

Cette définition de la richesse nationale qui sert de fondement à tout le système d'Adam Smith, a besoin d'être éclaircie. Nous perdons facilement de vue dans les biens dont nous faisons usage, l'industrie qui les a créés : il faut donc montrer qu'il y a un travail susceptible d'accumulation, qu'un autre ne l'est point, et que le premier qui porte le nom de *productif*, est réellement accumulé dans les objets auxquels nous reconnoissons quelque valeur.

Que seroit la terre ? que seroient ses habitans sans le travail accumulé de l'homme? Nous pouvons observer la première encore vierge, dans l'un des plus beaux climats de l'univers : Le continent austral qu'on nomme nouvelle Hollande, est tel qu'il est sorti des mains de la nature; ses habitans n'en ont point changé l'aspect; nuds, clairsemés, craintifs, ils errent poursuivis par la faim sur une terre inculte, quoique propre à se couvrir des fruits les plus exquis, des plus riches moissons; au lieu de les obtenir d'elle, ils ne fondent l'espoir de leur subsistance que sur le produit de la chasse ; ils poursuivent et détruisent sans cesse le gibier qui fait leur seule ressource, et en empêchant sa reproduction, ils rendent inutile le seul présent que la fécondité de la terre puisse leur faire , lorsqu'elle n'est assistée d'aucune culture ; en vain elle se couvre de végétaux , en vain les hommes sont ensevelis dans l'herbe des prairies , le gibier sauvage n'y est jamais proportionné à la nourriture qui lui est offerte , il décroît comme la population s'augmente, il met par-là des bornes à la multiplication de l'espèce humaine , comme celle-ci en met constamment à la sienne.

Quelle est la richesse de ces peuples misérables ? ce n'est point leur terre qui pourroit avoir une valeur bien supérieure à celle de la nôtre , mais *leur travail* : ils chassent , et le produit de leur chasse les nourrit, les habille , leur fournit dans les tendons et les os du gibier leurs meilleurs outils et leurs meilleures armes , enfin i les fait vivre et constitue leur revenu. Cependant comme chaque sauvage ne songe qu'à soi , comme il fait tout pour soi , et

B 3

rien pour les autres, comme il se repose dès qu'il a satisfait à ses premiers besoins, ces peuples consomment chaque année tout ce qu'ils produisent ou qu'ils atteignent, ils n'économisent point, et ne s'enrichissent jamais. Ce n'est que lorsque les hommes ont commencé à pourvoir à leurs besoins par des échanges, et que chacun se vouant à un genre particulier d'industrie a fourni aux autres ce qu'il faisoit mieux qu'eux, en retour de ce qu'eux faisoient mieux que lui, qu'ils ont porté leur ambition au delà du moment présent, et produit par leurs travaux plus qu'ils ne vouloient actuellement consommer.

Lorsque les membres d'une société encouragés par la facilité qu'ils trouvent à faire ces échanges, prennent la détermination de se répartir entre différentes professions, ils produisent la révolution la plus importante de toutes celles que doit subir un peuple dans ses progrès vers la civilisation. C'est elle qui fixe la première époque de l'accumulation du travail, parce qu'elle donne pour la première fois à l'ouvrier le désir et les moyens de produire un superflu au delà de sa consommation. Le désir n'en existoit pas pour lui aussi long-tems qu'il ne connoissoit pas les échanges, parce qu'il ne voyoit rien au delà de ses besoins actuels, et que lors même qu'il auroit pu faire des provisions, de gibier par exemple, pour plusieurs semaines, ces provisions lui seroient devenues inutiles, si elles ne lui avoient servi à acheter le repos pendant qu'il les consommeroit : mais dès l'instant que par une seule espèce de travail il a pu pourvoir à tous ses besoins, il a dû désirer d'accumuler à l'infini les produits de ce travail, comme il voyoit la possibilité de le faire, soit pour se mettre à jamais à l'abri d'un dénuement absolu, soit pour se donner des jouissances, en satisfaisant les besoins artificiels qu'il a bientôt appris à se créer.

L'ouvrier acquiert avec le désir de travailler davantage, les moyens de le faire plus profitablement ; car, dès qu'il s'est voué non plus pour son propre service, mais pour celui des autres, à une seule opération ; les pouvoirs productifs de son industrie ont été augmentés. Trois causes diverses paroissent y concourir ; 1°. chaque ouvrier acquiert une plus grande dextérité dans le travail auquel il se destine uniquement. 2°. Il ne perd plus de tems en passant d'un ouvrage à un autre. 3°. La simplification de l'opération, dont il se charge lui donne lieu d'inventer des machines qui puissent la faciliter, ou même qui le dispensent d'une partie de son travail.

La division des métiers commence dans le second ou le troisième période de la société ; chez les peuples pasteurs, ou chez les peuples agriculteurs ; elle existe dès que le même homme n'est plus laboureur, artisan et berger ; mais elle se multiplie à l'infini à mesure que la société fait des progrès ; chaque métier se subdivise, et chaque ouvrier fait d'autant plus d'ouvrage que son opération est plus simplifiée. Chez les peuples qui ne font que sortir de la barbarie le même ouvrier travaille souvent tous les métaux, et son habileté à manier le marteau et à faire usage du feu pour forger et couler, est le fruit d'une première division du travail ; le chasseur sauvage qui doit avant tout penser chaque jour à sa nourriture, quelque besoin qu'il ait d'armes et d'outils, n'apprendra jamais de lui-même à arracher les métaux à la terre, bien moins encore à les forger et à les mettre en œuvre. Comme les hommes se multiplient et s'enrichissent, le même artisan cesse de travailler tous les métaux ; bientôt parmi ceux qui forgent le fer, les maréchaux, les serruriers, les armuriers, les couteliers, se séparent pour former autant de professions indépendantes, et l'on en vient enfin à voir vingt-cinq ouvriers différens concourir pour fabriquer une épingle, de telle sorte que celui qui tourne la tête ne la coupe jamais, ne fasse jamais la pointe, et ne la pique point sur le papier : or à chaque fois qu'un métier se subdivise, chaque ouvrier acquiert un nouveau degré de dextérité dans la partie dont il reste exclusivement chargé, chacun épargne sur le tems qu'il auroit perdu en passant d'une occupation à une autre, et chacun perfectionne ses outils, ou même se trouvant réduit à l'opération la plus simple, découvre un mécanisme qui peut remplacer absolument son travail, et faire d'une machine inanimée un ouvrier productif. C'est ainsi que dans la manufacture d'épingles, le travail a été tellement facilité par sa division, que tandis qu'un homme qui n'entendroit rien à cet art, pourroit sans être maladroit, se trouver fort embarrassé pour faire une épingle par jour, vingt épingliers en font facilement cent ou cent vingt mille. Il en est de même dans toutes les autres professions où le travail a été réparti entre un grand nombre d'ouvriers, et le produit de l'industrie humaine déjà prodigieusement multiplié par la division des métiers, est susceptible d'être multiplié encore.

Dès que l'homme par cette répartition de ses travaux a pu produire plus que dans l'état sauvage, où toute son industrie ne suffisoit qu'à peine à le faire exister, il a pu économiser et accumuler une partie des fruits de ses sueurs, ou de son revenu; en jetant les yeux sur la terre que nous habitons, et en la comparant à la terre sauvage, nous jugerons s'il l'a fait réellement.

Retranchons dans notre imagination du pain que nous mangeons, tout le travail qu'il a fallu pour le produire, celui du boulanger, du meunier, du cultivateur, celui des hommes qui ont inventé et perfectionné la science de l'agriculture, de ceux qui ont découvert dans les déserts où le froment croissoit inconnu, la propriété nutritive de son grain, il ne restera plus qu'une plante sauvage et de nulle valeur, seul présent que la terre fasse à l'espèce humaine (1). Chacun de ceux dont le travail a concouru à nous procurer du pain, a donc laissé après lui une trace de son ouvrage dont nous profitons; chacun d'eux a créé une valeur, ou l'a accumulée sur sa production. Celui qui découvrit les propriétés du blé et inventa sa culture, donna une valeur à la terre inculte, parce qu'il la rendit susceptible de se couvrir d'un produit utile; celui qui défricha le champ même où le blé fut récolté, réalisa de même son travail, et sa valeur se re-

(1) Voyez N. F. Canard, principes d'économie politique, chap. 1.

trouve dans le prix augmenté de la terre
améliorée. Le fermier qui ensemença cette
terre défrichée, ajouta le prix de ses peines
à celui de celles de ses prédécesseurs; et
la moisson qu'il obtint dut contenir une rétribution pour le propriétaire du sol défriché,
et une pour lui comme laboureur. Le blé
qu'il porta au marché représentoit donc tous
ces travaux accumulés, et le pain comprend
de plus la compensation de ceux du meunier et du boulanger. C'est ainsi que les
travaux se réalisent, et qu'on voit les uns
s'accumuler et se fixer sur un immeuble,
comme les deux premiers, les autres accroître
la valeur des meubles que l'immeuble a produit, comme les trois derniers.

Si les productions de la terre elle-même
ne tiennent leur valeur que du travail,
à plus forte raison la valeur des productions
des arts n'a-t-elle point d'autre origine:
retranchez des unes et des autres les travaux
qu'y ont accumulé les ages antérieurs, et
il ne restera rien qui puisse être considéré
comme une richesse parmi les hommes.

Mais tous les travaux sont-ils susceptibles

d'accumulation ? Non : il y en a plusieurs qui ne portent point sur un objet matériel , ou qui du moins ne le changent point de manière à en augmenter le prix. Où chercheroit-on par exemple la valeur accumulée des marches et contre-marches d'une armée, des études d'un jurisconsulte ou d'un médecin , des discours d'un prédicateur , des sons agréables, d'un musicien ? et lors même que l'ouvrier travaille sur quelque chose de matériel , le barbier , le coeffeur, le valet-de-chambre , ajoutent - ils par leur labeur quelque valeur à ce qu'ils ont préparé ou accommodé ? tandis que l'horloger ajoute le prix de son travail à celui des matières premières d'une montre , le tisserand à celui de son fil, le cordonnier à celui de son cuir, et ainsi des autres. On peut donc appeler à bon droit *productif*, le travail qui se paye lui même, qui *produit* sous une forme nouvelle le prix qu'il a coûté ; et *improductif*, celui qui, ne laissant après lui aucune trace, doit être constamment payé par le produit d'un autre travail.

Il existe un signe certain et invariable

auquel on peut reconnoître si un travail
est productif ou ne l'est pas : le premier,
lorsqu'il est fait, peut toujours être échangé
contre un travail à faire ; le second ne le
peut jamais. Avant qu'il soit fait, le travail
de l'un et de l'autre ouvrier peut souvent
être considéré comme de même valeur,
le musicien peut gagner autant que l'horloger,
et le salaire de l'un et de l'autre peut
s'échanger contre un nouveau travail ; mais
celui qui a payé à l'horloger son salaire,
a en mains une montre qu'il peut donner
à tout autre contre le même prix, celui qui
a payé le musicien, n'a plus rien entre ses
mains. Dans le premier cas il y a deux valeurs pour un travail, savoir : le prix de la
montre qu'a reçu l'horloger, et la montre
qu'a reçu l'acheteur ; dans le second il n'y
en a qu'une seule, le payement qu'a reçu
le musicien, car les sons que l'auditeur a
reçu en retour, une fois qu'ils sont produits
n'ont plus de valeur. Le premier payeur a
fait un échange, et le second une dépense.
La même règle peut s'appliquer aux travaux
des maçons, des charpentiers, des ouvriers

de terre, qui se fixent sur un immeuble; ceux qui ajoutent à la valeur de cet immeuble, sont productifs; ceux qu'a dicté la fantaisie, et qui n'ajoutent rien à sa valeur échangeable, ne le sont point (1).

---

(1) Un traducteur d'Adam Smith (Mr. Garnier dans sa note XX. T. v. p. 169.) a attaqué la distinction entre le travail productif et le travail improductif, et il a cherché à rétablir à sa place celle qu'avoient imaginé les économistes François, entre le travail de l'agriculture et celui des manufactures, dont le premier seul occasionne à leurs yeux une production, et le second un échange; nous reviendrons dans plus d'un endroit de cet ouvrage à appuyer la distinction qu'il combat, et qui fait la base de tout le système d'Adam Smith; aussi éviterons-nous d'entrer, dès le premier chapitre, dans une discussion en forme avec l'habile économiste que nous venons de citer. Nous remarquerons seulement que la distinction que nous énonçons est assez frappante pour devoir être admise par tous ceux qu'un esprit de système n'a point prévenu. Chacun voit au premier coup-d'œil que certains travaux sont susceptibles d'accumulation, et que d'autres ne le sont pas: un peu de réflexion suffit ensuite pour faire comprendre que la société ne peut être enrichie que par les travaux dont les fruits s'accumulent, qu'eux seuls sont l'origine d'une propriété. Mais dit Mr. Garnier,

Aucun animal n'est doué de cette dis-position à faire des échanges, elle est par-

---

le musicien, l'orateur, le poëte sont aussi utiles à la société que la marchande de modes, la bouquetière, le limonadier; cela peut être, et leur utilité n'est point ici l'objet en question : si nous le traitions, nous dirions que les richesses ne sont utiles qu'autant qu'elles procurent des jouissances, qu'il faut distinguer dans la société les métiers qui font naître les richesses, d'avec ceux qui les échangent contre ces mêmes jouissances qu'elles doivent procurer, que les derniers ont leur utilité comme les premiers, et qu'ils en ont d'autant plus qu'ils procurent une plus grande masse de jouissances, ou des jouissances plus appropriées au goût de la nation chez qui on les exerce : il n'en est pas moins vrai qu'une portion de la richesse nationale ne peut pas consister en sons ni en déclamations, tandis que nous concevons fort bien comment des sucres, des boissons, des dentelles et des soieries, ou d'autres marchandises qui remplissent la boutique, soit du limonadier, soit de la marchande de mode, peuvent en faire partie; parce que ceux-ci s'accumulent, et que les premiers ne s'accumulent pas. Mais dit encore Mr. Garnier, la distinction est souvent bien difficile à maintenir; tel ouvrier tantôt travaille sur le neuf, tantôt ne fait que réparer ou conserver d'anciens produits du travail : le tapis-

ticulière

ticulière à l'homme , et comme nous l'avons
vu plus haut elle est la cause du perfec-

sier, le pelletier, et la lingère, rendent le plus souvent des services du même genre que le valet-de-
chambre ; sont-ils des ouvriers productifs ou ne le
sont-ils pas ? Ils sont avec bien d'autres, répondrai-
je, sur les confins des deux classes, et appartiennent tantôt à l'une tantôt à l'autre. De ce que les
extrémités de deux classes se touchent, en conclura-
t-on qu'elles ne diffèrent point ? Les économistes en
faisant toujours usage d'abstractions, ont considéré
chaque classe comme composée d'une seule espèce ;
les vrais observateurs reconnoissent au contraire que
toutes les choses soumises à l'étude et à l'inspection
des hommes forment une chaîne, que toutes les di-
visions dans toutes les sciences sont artificielles, et
qu'elles séparent souvent des chaînons faits pour se
toucher, sans en être pour cela moins utiles. Il a
fallu toute l'habileté de Trembley pour reconnoître
que les polypes étoient des animaux, Vaucher n'en
déploye pas moins pour montrer que les conferves
sont des plantes, en conclura-t-on qu'un chêne ne
diffère point d'un cheval ? La classe des ouvriers productifs touche à la classe improductive par deux
points différens ; premièrement le même ouvrier appartient tour-à-tour à l'une puis à l'autre, selon qu'il
s'occupe de produire ou de conserver, selon qu'il

Tome I. C

tionnement de son travail, puisqu'elle a occasionné la division des professions. En conséquence de cette division, cent hommes

---

augmente, ou n'augmente pas la valeur échangeable de la chose sur laquelle il travaille, ce qui s'applique au pelletier, au tapissier, à la lingère, que cite Mr. Garnier : secondement, les fruits du travail de quelques ouvriers productifs, ont une existence si courte, si éphémère, qu'eux-mêmes se trouvent dans une situation équivoque entre les deux classes. La valeur qu'ils produisent devant être consommée en très-peu de tems n'est pas susceptible d'accumulation ; or cet intervalle de tems entre la production et la consommation, qui est nul dans les métiers improductifs, assez long et susceptible de se prolonger à volonté dans les métiers vraiment productifs, et fort court dans les équivoques, est la seule origine à laquelle on puisse rapporter la propriété mobiliaire. Le fruit du travail du musicien se dissipe à l'instant même ; celui du travail du traiteur, du patissier, du cuisinier, se consomme au bout de peu d'heures ; si les marchandises produites par le tisserand et le forgeron n'avoient pas plus de durée, il n'auroit pas valu la peine d'établir la distinction que nous maintenons, car dès l'instant que le fruit du travail est consommé, qu'il est appliqué à la jouissance, peu importe que ce travail ait été productif ou non.

qui se sont partagé les métiers de laboureur, de berger, de meunier, de boulanger,
de tisserand, de charpentier, de maçon,
produisent en un an plus de nourriture,
de vêtemens et de logement, que les mêmes
cent hommes n'en peuvent employer dans
le même espace de tems : S'ils n'abandonnent
pas le travail, après avoir pourvu à tous leurs
besoins, il leur reste un superflu qu'ils ne
peuvent destiner à leur usage, ce qui les
engage à en disposer en faveur des autres
à de certaines conditions. Rien ne leur
manque aujourd'hui, mais ils peuvent avoir
des besoins par la suite, et il peut leur
convenir d'échanger le produit d'un travail
fait contre un travail à faire ; le blé par
exemple de cette année, contre celui de
l'année prochaine ; ou lors qu'une fois on
a eu introduit dans le commerce pour le
faciliter, une marchandise bannale qu'on
nomme numéraire, il peut leur convenir
d'échanger leur superflu contre cette marchandise bannale, parcequ'elle pourra dans
toute occasion équivaloir pour eux à une assignation sur tout homme industrieux, soit

C 2

pour le mettre à l'ouvrage, soit pour obtenir le fruit de son travail.

Dans le premier période de la civilisation, lors qu'une nation n'est composée que de chasseurs, on ne distingue chez elle ni riches, ni pauvres, et chacun de ses membres pourvoit par soi-même à ses propres besoins : la division des professions, en rendant possible l'accumulation des richesses, a introduit pour la première fois cette inégalité dans la société. Lorsqu'elle a commencé, celui-là a été riche, qui après avoir pourvu à sa consommation par l'échange des fruits de son travail, a eu encore du superflu; et celui-là a été pauvre, qui n'a pas eu en avance et par devers lui, dequoi subsister pendant qu'il travailloit, jusqu'à ce que son ouvrage fut achevé et susceptible d'être échangé. Comme tout homme est forcé de consommer avant de produire, l'ouvrier pauvre se trouve dans la dépendance du riche, et ne peut ni vivre ni travailler, s'il n'obtient de lui des denrées et des marchandises déjà existantes, en retour de celles qu'il promet de produire par son travail. Ce marché ne peut être gratuit , car l'avantage en seroit tout du coté de l'ouvrier, tandisque le riche ne seroit point intéressé à le conclure : pour l'y faire consentir , il a fallu convenir que toutes les fois qu'il échangeroit du travail fait contre du travail à faire, le dernier auroit une valeur supérieure au premier , ou en d'autres termes, que le proprié, taire du superflu accumulé, retireroit un profit proportionné à ses avances.

Dès que les propriétaires du superflu accumulé que nous appellerons désormais *capital*, ont pu l'accroître en l'échangeant contre un travail à faire, ils ont multiplié autant qu'ils ont pu de pareils échanges, et ils se sont bien gardés de suspendre la faculté productive de leurs capitaux, en les laissant chômer. Or ils ont deux manières de les mettre à profit : la première c'est de les fixer en créant ou perfectionnant une machine quelconque au moyen de laquelle ils facilitent ou multiplient le travail humain. Jamais le mot de machine n'avoit reçu une acception plus étendue que celle que je voudrois lui donner ici, car je désirerois comprendre

C 3

sous ce nom , depuis la charrue jusqu'à
l'usine la plus vaste , jusqu'au mécanisme
le plus compliqué , jusqu'à la terre cultivée,
qui entre les mains de l'homme est une,
machine productive , jusqu'à l'artisan lui-
même, qui lorsqu'il est formé par une instruction appropriée à son état , au moyen
d'une avance de capitaux , peut être comparé à un métier vivant , parce qu'il fait
deux fois plus d'ouvrage, qu'un autre. La
seconde manière dont les propriétaires de
capitaux peuvent tirer avantage de leurs
richesses, c'est de les faire circuler sous la
forme de marchandises applicables à l'usage
des hommes : ils les livrent au consommateur en retour d'un travail dont ils pourront
de nouveau échanger le fruit, et chacun de
ces marchés produit une augmentation de
leur richesse qui constitue leur revenu. C'est
de ces deux manières de placer les capitaux
que nous allons nous occuper.

CHAPITRE II.

Des capitaux fixes.

Nous venons de dire que la première manière dont les riches peuvent employer avec profit leurs capitaux, c'est en les fixant de telle sorte qu'ils aident les pouvoirs productifs du travail. Toute nation civilisée possède des capitaux fixés ainsi pour une valeur considérable, et c'est une des causes auxquelles il faut attribuer la supériorité des produits de son industrie, sur ceux d'une nation sauvage.

C'est à bonifier la terre qu'a été destiné le premier travail productif que l'homme ait fixé. Sa fécondité est une source d'autant plus abondante de richesses, que l'homme sait mieux lui demander ce dont il a besoin. L'on peut avec Mr. Canard considérer la découverte de l'art d'obtenir des récoltes

C 4

comme le résultat du travail de l'homme ;
c'est le fruit des premières expériences du
premier cultivateur; jamais travail dans cette
hypothèse ne fut plus productif que le
sien, puisque son invention qui tint peut-
être autant au hasard qu'à l'étude, créa la
valeur de la terre entière. L'homme actif
fait quelquefois de ces découvertes heureu-
ses qui changent le sort de l'humanité, et
comme c'est par son travail qu'il y est amené, on peut les regarder comme en étant
le fruit; mais ce fruit est comme on voit
d'une nature différente de celui qui se pro-
portionnant au tems et aux moyens employés par l'ouvrier, se retrouve réellement
dans la valeur des objets produits.

La terre depuis le moment de cette première découverte, peut être considérée comme
une ouvrière productive, l'homme la met à
l'œuvre, elle agit, et la valeur de son travail est accumulée dans la valeur de ses
productions. Le droit d'appeler à l'ouvrage
une ouvrière si utile, est la même chose
que la propriété du sol : La valeur de son
travail, première origine de la *rente* des im-

meubles, appartient à celui qui se trouve saisi de la surface d'un terrain, et dont le droit est reconnu par ses concitoyens. Lorsque la population s'est augmentée, tout le territoire des nations civilisées s'est trouvé approprié, avant que chaque individu en ait eu obtenu une portion : ceux qui sont intervenus au premier partage ont eu un avantage sur les autres, et lors-même qu'ils n'ont pas cultivé la terre qui leur étoit échue en lot, cette terre a été appréciée en raison de sa propriété virtuelle de faire un travail productif, dès qu'elle seroit mise en action : C'est ainsi que chez les nations civilisées, la terre vague ou inculte n'est pas sans valeur.

Il y a loin cependant du prix de cette terre inculte à celui du sol défriché; c'est dans ce dernier que commence l'accumulation réelle du travail productif de l'homme. Il faut pour rendre fertile un terrain sauvage, pour le miner, l'enclore, et y faire des plantations, un travail d'autant plus considérable que l'agriculture est plus perfectionnée : c'est par le propriétaire, ou

pour son compte qu'il est fait, et sa valeur
entière est ajoutée à celle de l'immeuble.
Comme son efficacité ne se borne pas à
une seule année, mais que pendant long-
tems, et presque à perpétuité, les récoltes
qui viennent ensuite en sont augmentées,
le droit de faire travailler la terre améliorée devient plus précieux que celui de faire
travailler la terre vierge; il est plus profitable pour celui qui l'exerce, et si le propriétaire vient à le céder, c'est à un plus
haut prix. La rétribution moyennant laquelle
le propriétaire du sol abandonne ce droit à
son fermier, est ce que l'on appelle la rente
des terres, ou le profit net de la culture:
c'est donc en partie une compensation pour
le droit de propriété sur la terre inculte, et
en partie une production du travail accumulé sur elle pour la cultiver.

Celui que l'agriculteur fait ensuite pour
mettre immédiatement la terre en action,
ne s'accumule que sur la récolte d'une ou
d'un petit nombre d'années; et s'il se fixe
sur le sol, ce n'est que momentanément,
jusqu'à ce qu'il en soit tout ressorti avec

ses productions. Il appartient donc à la classe des capitaux circulans.

Après le travail fixé dans le défrichement de la terre, l'un des plus considérables et des plus apparens d'entre les capitaux nationaux, est fixé dans la construction des habitations : Ce n'est pas que les maisons ne puissent à bien des égards être considérées comme un objet de consommation plutôt qu'un capital fixe : le logement est un des besoins de l'homme, c'est pour lui une dépense aussi bien que la nourriture, plutôt qu'un moyen de produire ; mais comme l'agriculture, les arts, et le commerce, ne pourroient subsister sans les édifices destinés à mettre à couvert les agriculteurs, les artisans, les commerçans, leurs instrumens, et leurs produits ; la valeur de leur logement, la rente du travail employé à le construire, s'ajoute naturellement à la valeur du produit de leur industrie, en sorte que cette partie des édifices qui est destinée à l'habitation et aux ateliers des ouvriers productifs, forme une portion du capital fixe national, et contribue à augmenter la valeur du travail que la nation fera par la suite.

D'autres édifices produisent par eux-mêmes, dès qu'ils sont mis en action ; ce sont des ouvriers matériels créés par l'industrie humaine ; leur travail , de même que celui de la nature, se réalise dans la valeur des objets qu'ils créent ou qu'ils modifient ; les moulins , les forges , les scies , les fours , et en général toutes les *usines* , appartiennent à cette classe : une fois quelles sont construites, leur rente ou leur loyer représente la valeur que le travail accumulé en elles, ajoute au travail annuel de l'homme.

Le capital fixé sur les bâtimens ou les usines, n'y demeure pas constamment, comme celui fixé sur la terre ; il en ressort graduellement à mesure que le bâtiment se consomme , et il se retrouve dans les objets produits par l'industrie de ceux qui l'ont habité ; le capital fixé dans les outils et les instrumens des métiers ou de l'agriculture, en ressort plus vîte encore ; il n'y demeure que peu d'années , souvent peu de mois, et il passe de là dans la valeur de toutes les marchandises qui sont créées par ces outils ; en sorte qu'eux - mêmes tiennent le milieu entre les objets destinés à la consommation, et les capitaux fixes.

Comme la valeur des mêmes objets est plus considérable lorsqu'ils sont à la portée de leurs consommateurs, que lorsqu'ils en sont éloignés, il a convenu à la société de fixer une partie de son capital pour faciliter les transports : A cette classe de travaux accumulés appartiennent d'une part les chemins, les canaux, et les ports ; de l'autre les voitures et les vaisseaux : la rente des uns et des autres se retrouve sur l'augmentation de valeur de la marchandise parvenue par leur moyen au lieu où elle doit être consommée.

Une nation est riche en raison du nombre d'ouvriers productifs qu'elle possède ; et c'est une dernière espèce de capital fixe : Il faut que le travail de l'âge viril d'un ouvrier compense la consommation de toute sa vie ; car il a dépensé dans son enfance, beaucoup, et long - tems, avant que d'être capable d'aucun travail, ou du moins avant

que d'en faire un qui fut équivalent à sa
dépense : Il a consommé les denrées et les
marchandises qui avoient été produites par
le travail d'autres ouvriers. Tous ceux qui
existent aujourd'hui ont été élevés et ont
vécu des labeurs de leurs prédécesseurs : si
leur nombre s'est augmenté, il a fallu qu'il
y eût préalablement une accumulation de
travail pour les nourrir ; cette accumulation
s'est fixée et réalisée dans leur existence ;
à mesure que leurs forces vitales se consu-
ment, elle en ressort dans le produit de
leur travail ; à la mort de tous ceux qui
forment la génération actuelle, s'ils sont
restés pendant leur vie assidus à leurs ateliers, elle en sera toute ressortie, et il n'y
aura rien eu de perdu.

Ceux d'entre les ouvriers qui ont acquis
une habileté particulière pour le travail,
soit en consacrant à s'approprier une industrie plus productive les années pendant lesquelles ils auroient pu travailler, soit en
employant au même objet un capital, c'est-
à-dire la somme du travail des autres,
ceux-là ont fixé sur leur propre vie une

plus grande masse de travail accumulé; aussi la nation peut-elle être plus enrichie par la possession d'un mécanicien distingué, que par celle de dix ou de cent ouvriers ordinaires ; non - seulement parce qu'il lui produira plus annuellement, mais aussi parce qu'il lui a plus coûté à former (1).

La valeur réelle du capital fixe, c'est le travail qui est actuellement accumulé en

(1) L'habileté acquise par les ouvriers improductifs fait aussi partie du capital fixe, car un moyen de procurer des jouissances, ou de rendre service aux hommes, doit être compté comme une richesse nationale : si l'on faisoit donc un inventaire de la richesse d'une nation, on placeroit l'habileté de ses jurisconsultes, de ses médecins, de ses comédiens, de ses musiciens, sur une même ligne avec celle de ses artisans de tout genre. Cela ne détruit point la distinction entre les deux classes d'ouvriers, car en continuant le même inventaire, on placeroit dans le mobilier, ou dans le capital circulant, les produits des artisans, et jusqu'aux vivres non consommés qui sortent de leurs boutiques, mais on n'y mettroit certainement pas les sentences rendues, les consultations, et les visites médicales, non plus que les spectacles et les concerts dont le peuple a joui.

lui; et sa rente, c'est la quantité dont il
augmente la valeur annuelle du travail humain; mais comme le capital fixe ne peut
point se détacher à volonté des objets sur
lesquels il est accumulé, qu'il y demeure
pour toujours, ou qu'il en ressort graduellement selon une proportion invariable pour
chaque objet, on considère en l'évaluant,
bien moins ce qu'il a coûté, que ce qu'il
peut rendre. Or le rapport entre la rente et
le capital fixe qu'elle suppose, dépend,
comme nous le verrons par la suite, du
rapport entre le profit et le capital circulant, en sorte que la valeur foncière des
immeubles varie avec les profits du commerce, et que s'il arrive par exemple, que
par une suite des progrès de la richesse
nationale, le profit du capital circulant
s'abaisse, de vingt pour cent à dix pour cent
par année, la valeur capitale des immeubles
comparée à la rente qu'ils donnent sera
doublée, non qu'ils contiennent réellement
plus de capital accumulé, mais parce que
leur rente d'après la proportion admise

dans

dans ce période de la société, en représen-
tera davantage.

De toutes les sources de rente que nous
venons d'énumérer, il n'y en a qu'une seule
qui par sa nature soit intarissable, et d'où
le travail accumulé par l'homme ne puisse
point ressortir tout entier, au bout d'un
tems plus ou moins long : c'est celle qui
représente la propriété virtuelle qu'a la terre
de produire, dès qu'elle est convenablement mise en action : Cette partie de la
rente, comme nous l'avons vu, n'est pas précisément un fruit du travail humain; elle est
la compensation d'un privilége, elle résulte
de l'espèce de monopole dont jouissent les
propriétaires de terre contre tous leurs
concitoyens (2). Les ouvriers, et ceux qui

---

(2) Cette partie de la rente foncière est celle que
les économistes ont décorée du nom de *produit net*,
comme étant le seul fruit du travail qui ajoutât quelque chose à la richesse nationale. On pourroit au
contraire soutenir contre eux, que c'est la seule partie
du produit du travail, dont la valeur soit purement
nominale, et n'ait rien de réel; c'est en effet le résultat de l'augmentation de prix qu'obtient un vendeur

Tome I   D

possèdent du travail accumulé, ne pourroient jamais obtenir de récoltes, si les maîtres

en vertu de son privilége, sans que la chose vendue en vaille réellement davantage. Ainsi cent minots de sel, dans un pays de grande gabelle, se vendoient beaucoup plus que dans un pays franc, et le surplus du premier prix étoit une valeur de convention, analogue à celle qu'on ajoute aux fruits de la terre, pour trouver dessus de quoi payer la rente. Dans le fait le sel n'avoit pas cependant une valeur intrinsèque plus considérable dans un pays de gabelle que dans un pays franc également éloigné des salines. Mais il y a une différence importante entre les deux monopoles que nous comparons, c'est que celui qui est accordé aux propriétaires de terres, ne leur est pas utile à eux seulement, il est utile et même nécessaire à la communauté, les terres ne pouvant être bien cultivées que lorsqu'elles sont changées en propriétés, tandis que le privilége des gabelles ne profitoit qu'au monopoleur. Il est important de relever en toute occasion les principes des économistes, on les a trouvé faux à l'épreuve, et cependant bien des gens les croient encore incontestables en théorie, ce qui jette de la défaveur sur toute la science. On les confond aussi avec ceux d'Adam Smith, et Mr. Garnier en les représentant de nouveau, (note XXIX de sa traduction, et ailleurs) attaque par la base, peut-être même sans y songer, le système de l'auteur qu'il traduit.

du sol ne leur louoient pas le travail de la terre, pour concourir avec le leur. De cette espèce de monopole il résulte que le loyer du travail de la terre n'est pas tant proportionné à sa force productive, comme à la recherche qu'on en fait, et que la rente d'une campagne fertile est nulle dans un désert, tandis que celle d'une campagne stérile est considérable auprès d'une ville populeuse et riche. Le monopole est donc la base de la partie de la rente que l'on payeroit pour la terre inculte, tandis que l'autre partie qui représente le travail que le propriétaire a accumulé sur son sol, suit la même marche, et est soumise aux mêmes règles, que la rente des autres capitaux fixes.

CHAPITRE III.

Des capitaux en circulation.

Nous avons vu plus haut qu'il y a deux manières de tirer parti d'un capital accumulé : l'une en le fixant, que nous avons examinée dans le chapitre précédent, l'autre en le faisant circuler, et nous l'examinerons dans celui-ci.

Le propriétaire d'un capital peut donner en échange à un ouvrier les fruits d'un travail achevé, consistans en effets applicables à l'usage et à la consommation des hommes, contre un travail à faire, avec un profit proportionné à l'étendue de ses avances ; c'est le contrat que l'on exprime beaucoup plus simplement, en disant que le capitaliste fournit le nécessaire à un ouvrier productif qui travaille pour lui, ou plus simplement encore, en disant qu'il lui paye son salaire ; mais il est fort important de remarquer que toutes les fois qu'on met à l'ouvrage un ouvrier productif, et qu'on lui paye un salaire, on échange le présent contre l'avenir, les choses qu'on a contre celles qu'on aura, l'aliment et le vêtement qu'on fournit à l'ouvrier, contre le produit prochain de son travail. L'argent n'entre dans ce marché que comme signe ; il repré-sente toujours une richesse mobiliaire, ap-plicable à l'usage et à la consommation de l'homme, c'est cette dernière qui est le vrai capital circulant. Le numéraire est comme une assignation, que le capitaliste donne à l'ouvrier, sur le boulanger, le boucher et le tailleur, pour qu'ils lui livrent les denrées consommables qui appartenoient déjà en quelque sorte au capitaliste, puisqu'il en possédoit le signe : l'ouvrier porte cette assignation à une boutique, où il l'échange contre ce dont il a besoin pour vivre ; celui qui lui a payé son salaire, s'est tout simple-ment dispensé, en lui donnant de l'argent, du soin de faire lui-même ses provisions, mais l'effet est précisément le même, c'est toujours

D 3

lui qui lui fournit sa nourriture, et ce dont il a besoin, en échange d'un travail à faire qu'il attend de lui.

Or l'ouvrier qui n'a point de travail accumulé, point de capital à lui, rien enfin pour se nourrir ou se vêtir; non-seulement trouve un avantage à échanger ce qu'il peut faire et qu'il n'a point encore, contre ce dont il a besoin, et qu'un autre possède actuellement; bien plus, c'est pour lui le seul moyen d'exister. Du côté du capitaliste, au contraire, non-seulement il n'y a point d'avantage à échanger un sac de blé, par exemple, cette année, contre un sac de blé à recevoir l'année prochaine; il y a même des inconvéniens, puisqu'en le faisant il se sépare de sa propriété, il s'en ôte la libre disposition, et court peut-être même quelques risques. Pour qu'il se conclue un accord entre ces deux classes d'hommes, il faut que celle qui en retire tous les avantages, les partage avec celle qui n'y trouve que des inconvéniens. Les ouvriers peuvent le faire aisément, nous avons vu que plus la société acquéroit de population et de richesses, plus au moyen de la division des métiers, le travail de chaque ouvrier produisoit de superflu au-delà de sa propre consommation; celui-ci doit donc céder une partie de ce superflu à celui qui le met à l'ouvrage et le nourrit : il arrivera même quelquefois qu'il le lui cédera tout entier, trop content de se procurer le nécessaire à ce prix. Les deux classes de la société trouvant dès lors un avantage mutuel à contracter ensemble, se recherchent de part et d'autre; les capitalistes s'empressent de donner ce qu'ils ont aujourd'hui contre ce qu'ils auront bientôt, et les ouvriers de prendre ce dont ils ont besoin actuellement contre ce qu'ils produiront par la suite.

C'est au profit que retire le capitaliste, qu'il faut attribuer la conservation de la richesse nationale; car s'il n'en trouvoit aucun à faire travailler des gens industrieux, il ne chercheroit à faire d'autres échanges, que ceux qui conviendroient à sa consommation; il employeroit successivement à son usage tout ce qu'il posséderoit, sans rien produire, jusqu'à ce qu'il eût tout consommé.

D 4

Le profit du capitaliste doit toujours être proportionné au capital qu'il emploie ; car de même qu'il n'auroit aucun avantage à faire travailler des ouvriers, si les marchandises que produiront ceux-ci ne valoient pas plus que celles qu'il leur donne à consommer, il n'en auroit aucun à mettre en œuvre un capital considérable plutôt qu'un petit, si le profit ne se proportionnoît pas à la somme qu'il destine à son entreprise.

Plus la population et la richesse font de progrès, plus il devient impossible qu'il se fasse aucun travail, sans qu'un capital le mette en mouvement. Avec l'avancement de la civilisation, les besoins de chaque homme se multiplient ; or, il faut un capital pour avancer à l'ouvrier de quoi les satisfaire, jusqu'à ce que les produits de son travail soient vendus ; il en faut un second pour lui procurer les matières premières et les outils sans lesquels il ne peut travailler ; enfin, il en faut souvent un troisième, pour pourvoir à sa consommation et à son instruction, jusqu'à ce qu'il soit rendu capable de faire l'ouvrage dont il s'est chargé. Le capital qui l'a mis en mouvement, n'est donc autre chose que les alimens, les vêtemens, les outils, et les matières premières qu'il a consommées; ce n'est point le numéraire qui les représente, et au moyen duquel il les a obtenues; car s'il a toutes ces choses et point d'argent, il travaillera fort bien, mais s'il a de l'argent, et qu'il ne puisse l'échanger contre toutes ces choses, il lui sera impossible de travailler. Un homme actif et industrieux, ne pourra donc trouver aucune occupation utile, s'il n'obtient préalablement un capital qui le nourrisse pendant qu'elle dure, et jusqu'à ce qu'elle soit achevée, d'autres capitaux qui aient mis à sa disposition les matières premières, les outils, et même le talent nécessaire à son ouvrage, le capital d'un marchand qui se charge de le porter au consommateur dès qu'il sera achevé, et qui en attendant remplace le sien. (1). L'horloger Genevois qui destine partie

(1) Presque tous les ouvriers possèdent quelque petit fonds accumulé, avec lequel ils se font à eux-mêmes l'avance des objets à consommer pendant un

de ses montres aux consommateurs des
grandes Indes , s'il ne trouvoit pas un capital déja consacré au commerce d'horlogerie ,
et tout prêt à remplacer le sien, seroit obligé
au moment où il auroit terminé ses montres , de s'en procurer un pour faire les frais
nécessaires à leur envoi aux Indes , et un
second pour continuer l'ouvrage pendant
leur voyage , jusqu'à ce qu'elles fussent vendues , payées, et que la valeur du payement
fût rentrée entre ses mains : or, comme ce
retour se fait attendre au moins deux ou
trois ans , quoiqu'il eût les fonds nécessaires
pour faire une première montre , il seroit
obligé de fermer son atelier, s'il n'en avoit
pas toujours de nouveaux , pour continuer

---

jour ou une semaine , jusqu'à ce que leur salaire leur
soit payé. Mais ce fonds à l'ordinaire ne leur suffit
pas pour attendre que l'échange de l'objet qu'ils ont
produit soit accompli : qu'il suffise ou non cependant , sa possession leur fait réunir en eux-mêmes une
double capacité, ils sont en même tems capitalistes et
ouvriers productifs , ce qui ne change rien aux principes développés dans le texte.

pendant ce long espace de tems. Tout travail est donc le fruit d'un capital; aussi seroit-il fort inutile d'augmenter le besoin du premier chez une nation, si l'on n'augmentoit en même tems le second, qui seul peut appeler les gens industrieux à l'ouvrage; maxime importante, souvent oubliée, et que nous aurons lieu de rappeler plusieurs fois.

Le capital fixe ne peut point suppléer au défaut de richesse mobiliaire; supposons une nation qui ait été extrêmement riche, qui ait en conséquence fixé un capital immense pour bonifier la terre, construire des habitations, bâtir des usines, et former des ouvriers industrieux. Supposons ensuite qu'une irruption de barbares saisisse immédiatement après la récolte, toute sa richesse mobiliaire, tout ce qui est susceptible d'être enlevé: encore que ces barbares en emportant leur butin, ne détruisent point les maisons ni les ateliers, et qu'ils ne puissent ôter aux campagnes leur fertilité, ni aux ouvriers restans leur industrie; tout travail cessera aussi-tôt; car pour rendre à la terre son activité, il faut des charrues et des bœufs

pour la labourer, du grain pour l'ensemen-
cer, et sur-tout du pain pour faire vivre les
ouvriers jusqu'à la récolte prochaine. Il faut
pour que les usines travaillent, du grain au
moulin, du métal à la forge, et par-tout de
la nourriture à l'ouvrier ; enfin, il faut à la
masse des hommes industrieux, des outils,
des matières premières, et des vivres. On ne
travaillera donc point en raison de l'étendue
des champs, du nombre des usines, et de
celui des ouvriers, mais en raison du peu de
richesse mobiliaire qui aura échappé aux
barbares; tous ceux qui ne pourront point
en obtenir quelque portion, demanderont en
vain du travail, et seront moissonnés par la
famine (2).

_____

(2) Cette doctrine est comme l'on voit en contra-
diction directe avec celle des économistes, qui pré-
tendent que les propriétaires de terres jouissent d'une
indépendance absolue à l'égard des capitalistes ou propriétaires de meubles; que la condition de ces derniers est nécessairement précaire, et que tout pouvoir
politique est tout aussi nécessairement attaché à la
possession de la terre : on pourroit, disent-ils, supposer une ligue entre les propriétaires, pour exclure

La Chine et l'Indostan ont souvent éprouvé des invasions semblables ; c'est alors que l'argent enfoui dans la terre par leurs habitans, en est retiré, en sorte qu'après la retraite des Tartares, le numéraire peut être aussi abondant qu'avant leur irruption ; mais les métaux précieux ne peuvent non plus que les capitaux fixes remplacer la vraie richesse mobiliaire, aussi ne sauroit-on en faire qu'un seul usage, celui de les exporter en entier, pour racheter au dehors le mobilier de la nation : vouloir empêcher cette exportation du numéraire, ce seroit condamner tous les habitans à l'inaction, et à la famine qui en seroit la suite.

---

les capitalistes d'un pays, et ceux-ci seroient obligés de s'y soumettre, *à moins qu'ils ne violassent les loix;* (Garnier, note XXXII. p. 306.) mais on pourroit aussi supposer l'exclusion complète des capitalistes, avec celle de tous leurs meubles, ou seulement l'anéantissement de toute propriété mobilière ; et la conséquence nécessaire de cet anéantissement, seroit que tous les propriétaires, *soit qu'ils voulussent ou non violer les loix*, seroient en cinq jours moissonnés par la famine, et que leurs propriétés se trouveroient tout-à-coup privées de toute espèce de valeur.

Tout travail productif dépendant donc des propriétaires de la richesse mobiliaire, il ne s'en fera jamais aucun, sans que ceux-ci participent à son produit. Leur portion est ce qu'on appelle le *profit*, par opposition au *salaire*, qui est la portion de l'ouvrier. Ces deux parts réunies à la rente de l'immeuble qui a produit la matière première, composent le prix de l'ouvrage ; et la proportion entr'elles est fixée par leur concurrence respective.

Plus il y a en circulation de capitaux destinés à faire travailler, plus les capitalistes élèvent les salaires des ouvriers, en luttant les uns contre les autres pour les attirer à eux ; et en se contentant d'une moindre part de leur travail superflu ou du profit, plutôt que de laisser leur capital sans emploi. Plus d'autre part il y a d'ouvriers qui demandent du travail, proportionnellement au capital qui doit les mettre en mouvement, et plus ces ouvriers rabaissent de leurs prétentions, plus la part dans le superflu de leur travail qu'ils consentent à abandonner au capitaliste est grande, plus

enfin le salaire qu'ils demandent est res-
treint, parce qu'ils aiment mieux se réduire
à l'étroit nécessaire en travaillant, que d'en
rester privés en même tems que d'ouvrage.
La concurrence entre les capitaux détermine
donc la proportion du profit au prix total,
et la concurrence entre les ouvriers détermine la proportion du salaire au même prix;
mais il y a de part et d'autre des bornes
immuables, que cette double concurrence ne
peut faire passer.

Quel que soit le nombre des ouvriers proportionnellement au capital qui doit les
nourrir, ils ne pourront se contenter long-
tems d'un salaire moindre que celui qui leur
est absolument nécessaire pour vivre : la
misère seroit bientôt suivie de la mortalité,
et l'équilibre seroit rétabli par ce contre-
poids aussi redoutable qu'efficace (3). Quel

---

(3) Dans ce qui est absolument nécessaire à l'ouvrier pour vivre, il faut comprendre non-seulement ce
qui est requis pour sa propre subsistance, mais encore
les alimens qu'il doit fournir à ses enfans. Que la
misère occasionne la mortalité parmi les hommes faits,

que soit d'autre part le nombre où la valeur
des capitaux destinés à maintenir le travail,
ils ne pourront jamais être réduits à ne donner aucun profit net; car s'il ne restoit plus
dans le pays aucun emplacement où leurs
propriétaires les pussent faire circuler avec
avantage , ils s'empresseroient de les faire
travailler dans l'étranger , et par l'emploi au
dehors d'une partie des richesses de la nation , ils rétabliroient l'équilibre intérieur.
Si l'on pouvoit supposer que la terre entière
ne présentât plus d'emploi profitable , ou si
le Gouvernement trouvoit moyen de mettre
obstacle au commerce extérieur, et à l'emploi des capitaux hors des limites de la nation , les propriétaires préféreroient alors de
les dépenser en objets de luxe , de les consommer sans produire , mais d'une manière
qui flattât leurs sens ou leur vanité, plutôt
que de les faire consommer par des ouvriers
productifs , qui dans aucun tems ne peuvent
flatter ni leur vanité ni leurs sens, et qui

---

ou qu'elle empêche que les enfans puissent naître ou
puissent vivre, elle détruit également la population.

dans

dans le cas supposé ne leur procureroient point de profit. Une masse considérable de capitaux employée dès lors à maintenir un travail improductif seroit consommée sans remplacement, et sa dissipation rétabliroit l'équilibre.

Aussi long-tems que les capitaux destinés à maintenir le travail procurent du profit à leur propriétaire, celui-ci ressent un besoin habituel de les faire circuler, afin de vivre de leur produit, et de pouvoir consacrer à ses jouissances la rente de sa fortune et non pas son principal; il ne se décourage point, encore que le profit qu'il tire de ses fonds diminue, à moins qu'il ne vienne à tomber absolument à rien, parce que jusqu'à cette époque le riche ne peut se déterminer à manger son capital (4).

_____

(4) Je suis surpris que le cit. Canard ait supposé le contraire (Princ. d'Ec. Polit. §. 49. p. 95.) et annoncé que l'accumulation du capital faisoit aller en décroissant le désir ou le besoin d'appliquer ses fonds à l'amélioration des sources de rente. Je relèverai en passant une observation peu exacte du même auteur, qui paroît l'avoir conduit à cette supposition; il re-

Tome I. E

Non seulement dans tous les pays les dissipateurs sont bien rares, mais si nous étu-
dions les mœurs de chaque nation, nous ob-
serverons par-tout que l'esprit d'économie
s'accroît avec la diminution des profits mercantiles ; il étoit porté au point le plus élevé
en Hollande, où les négocians se conten-
toient du profit le plus bas ; le luxe et l'a-
mour de l'ostentation étouffoient au contraire tout esprit d'économie chez les négocians de Cadix, dont les profits étoient assez

---

marque que les gens industrieux n'accumulent que
pour jouir ensuite de leurs richesses et en faire parade ;
de là il paroît conclure (§. 53.) qu'ils finissent par
dépenser tout ce qu'ils ont amassé ; ce qui n'arrive
point en effet. En général, l'homme industrieux se
propose en travaillant d'acquérir une fortune suffisante pour vivre de ses rentes avec une aisance qui le
satisfasse. Parvenu au but qu'il se fixoit d'avance, il
s'y arrête quelquefois ; plus souvent son ambition s'é-
tend avec ses revenus, mais quoiqu'on le voie aussi
par fois céder à sa vanité, et pousser ses dépenses au-
delà de ses moyens, il est presque sans exemple
qu'il se soit dit en renonçant à l'ouvrage, je ne tra-
vaillerai plus, et je vais, non pas vivre de mes rentes,
mais manger le capital que j'ai amassé.

considérables pour avoir fait monter à dix
pour cent le taux de l'intérêt. En France
enfin la diminution du capital national, et
l'augmentation du profit du commerce, ont
accru le luxe et diminué les épargnes des
négocians. Cette marche est dans la nature;
en effet lorsque le capitaliste voit diminuer
le profit qui forme son revenu, il doit beaucoup plus songer à le maintenir ou à l'accroître, qu'à dissiper le capital d'où il le
tire. Lorsqu'au contraire il voit augmenter
ses profits et ses revenus, il se livre bien
plutôt au désir de se procurer des jouissances, et n'éprouve point autant celui d'accroître un capital qui suffit déjà à ses besoins.

Il est vrai que l'accumulation des capitaux
occasionne souvent le luxe et la paresse de
ceux qui les possèdent, en sorte que si les
riches ne pouvoient se dispenser de faire
valoir leurs richesses par eux-mêmes, peut-
être que l'inattention et la prodigalité seroient les suites immédiates de leurs succès:
alors on verroit les capitaux décroître après
s'être formés, et la société déchoir de sa
prospérité d'autant plus vîte, qu'elle l'au-

roit acquise plutôt. Mais les richesses accumulées peuvent fort bien être employées au
bénéfice de la société par d'autres mains que
par celles des riches, au moyen du prêt à
intérêt, et c'est en partie à ce contrat que
l'on doit leur conservation.

Tous les propriétaires et détenteurs de
capitaux peuvent d'après cette considération
se diviser en deux classes; l'une de ceux
qui les font travailler eux-mêmes, l'autre
de ceux qui les prêtent à des gens plus actifs
qu'eux, lesquels se chargent de les faire circuler, en leur assurant dans les profits de
cette circulation, une part que l'on désigne
par le nom d'intérêt. L'usage a réservé exclusivement à ceux qui composent cette dernière classe le nom de capitalistes. La première comprend les hommes qui consacrent
leurs capitaux au perfectionnement de l'a-
griculture, ou les fermiers, ceux qui forment une entreprise de manufactures, de
mines, de pêche, ou qui mettent en mouvement un travail productif quelconque, et
ceux enfin qui facilitent aux autres l'ouvrage
qu'ils ont entrepris, en remplaçant les capi-

taux des fabricans et des fermiers, ou en destinant les leurs au commerce.

Tous les détenteurs de richesse mobiliaire, soit qu'elle leur appartienne en propre, ou qu'ils se la soient procurée par un emprunt, sont constamment animés par le désir de faire valoir leurs capitaux ; ils tendent tous à en retirer le plus grand profit possible, ils cherchent dans cette vue à maintenir le travail, ou à faire circuler leur capital dans le commerce ou les entreprises qui leur paroissent les plus lucratives : ce n'est pas qu'ils considèrent uniquement le profit pécuniaire, mais ils accumulent tous les divers avantages de chaque genre de travail, la considération qui lui est attachée, la sûreté, la promptitude des rentrées, l'agrément d'avoir leurs capitaux rapprochés d'eux, et presque sous leurs yeux ; comme d'autre part tous les inconvéniens, la saleté, l'odeur, le bruit, la fatigue, la dépendance, et quelquefois l'infamie. D'après ces considérations réunies ils forment une évaluation moyenne, à laquelle ils rapportent toutes les autres. C'est ainsi que si le profit ordinaire d'une manufacture

E 3

ou d'un commerce honorable et rappro-
ché, est de dix pour cent par an, celui
d'un propriétaire cultivateur, plus heureux,
plus tranquille et plus respecté, pourra n'être
que de six pour cent, tandis que l'on éva-
luera à quinze pour cent celui d'un commerçant avec l'Amérique, dont les retours sont
plus lents et plus incertains, à vingt - cinq
pour cent celui d'un commerçant aux Indes,
dont les retours sont plus hasardeux encore,
à trente pour cent celui de l'assureur contrebandier, dont le danger est continuel (5),

---

(5) Un lecteur peu attentif croira voir peut-être dans
les exemples mêmes que je donne l'indication d'une
proportion toute différente ; il objectera que dans un
pays riche les terres ne rendent que 3 ou 4 p. $\frac{0}{0}$, que
d'autre part en général l'assurance du contrebandier
se paye à raison de 10 p. $\frac{0}{0}$, mais c'est qu'il oubliera
que le profit doit se calculer par rapport seulement
au capital employé. L'agriculteur ne doit point gagner
6 p. $\frac{0}{0}$ sur la valeur de sa terre, mais seulement sur
le capital qu'il consacre à la mettre en culture ; le
contrebandier ne perçoit que 10 p. $\frac{0}{0}$ sur le prix des
marchandises qu'il fait entrer en fraude, mais son gain
s'élève à plus de 30 p. $\frac{0}{0}$ si on le compare à ses frais,
et à la somme qui sert de nantissement aux négocians
qui l'emploient.

celui du cabaretier qui n'est jamais maître chez lui, et qui se constitue le domestique du public et des ivrognes : D'après les mêmes règles, celui dont les magasins seront remplis de poisson salé ou de houille, aura droit d'exiger en compensation de la puanteur ou de la saleté quelque profit de plus que celui qui négociant sur des toiles, n'aura que des marchandises propres et élégantes entre les mains. Tous ces profits cependant seront considérés comme égaux, les inconvéniens balancés de chaque profession compensant leur disproportion.

Les détenteurs de capitaux se distribuent entre ces diverses branches de travail, selon leur inclination, ou selon qu'ils peuvent plus ou moins surmonter la répugnance que quelques-unes leur inspirent. Mais dès l'instant que cette égalité d'avantages est détruite, soit qu'un monopole ou quelqu'autre faveur accordée à l'une d'elles la rende plus profitable, soit au contraire qu'un impôt diminue ses avantages; les propriétaires du capital circulant, qui ne sont nullement attachés à une branche de travail plutôt qu'à une

E 4

autre, quittent celle qu'ils trouvent ingrate, et se répandent sur les autres, ou au contraire affluent sur la branche privilégiée, jusqu'à ce que par leur concurrence d'une part, et leur abandon de l'autre, l'équilibre soit rétabli.

Les capitalistes qui veulent s'affranchir absolument de tous les embarras attachés à la circulation de leurs richesses, et qui en cette considération, au lieu de prétendre au revenu entier qu'elles peuvent procurer, se contentent d'une participation dans les profits de ceux à qui ils les prêtent, sont indifférens aux avantages et aux inconvéniens d'un commerce particulier, c'est sur le profit moyen des entreprises mercantiles qu'ils règlent leurs demandes ; ils ne considèrent pas même la sûreté du commerce qu'entreprend l'emprunteur, mais la sûreté du prêt, et la facilité qu'ils auront à se faire rembourser, soit que leur débiteur gagne ou perde à son entreprise.

Tout contrat qui se stipule entre les hommes est le résultat d'une lutte entre les contractans ; leurs intérêts étant opposés,

chacun cherche à pourvoir au sien propre
aux dépens de ceux de son adversaire , et
les deux parties ne demeurent d'accord que
lorsqu'elles ont divisé le différent entr'elles,
proportionnellement à leurs forces respecti-
ves ; or ces forces sont toujours en raison
inverse de leur nombre , et de leur désir de
contracter ; le premier augmente la concurrence que se font les uns aux autres les
gens dont l'intérêt est le même , le second
les presse de conclure. L'intérêt d'un capital,
par exemple, se détermine d'après le résultat
d'une lutte entre deux classes de personnes;
les prêteurs qui veulent jouir sans travail ,
et les emprunteurs dont les fonds ne suffisent pas à leur travail , mais qui veulent
cependant s'y livrer , et qui sont placés de
manière à offrir des sûretés suffisantes pour
le capital qu'ils reçoivent; or l'on sent fort
bien que plus les emprunteurs seront nom-
breux proportionnellement aux capitalistes,
et plus ces derniers pourront accroître leurs
prétentions , à supposer le désir de conclure
égal des deux parts ; si l'on veut prévoir
quel sera le taux moyen de l'intérêt chez

chaque peuple, ou expliquer ses variations
d'un pays à l'autre, il convient de chercher
à déterminer quelles circonstances influent
sur le nombre des contractans, et sur leur
désir de conclure leur marché; en voyant
combien elles sont multipliées, on sentira
qu'on ne peut prendre le taux de l'intérêt
chez une nation pour thermomètre unique
de sa prospérité.

La première cause qui doit augmenter le
nombre des prêteurs, et par conséquent diminuer leurs forces, c'est l'augmentation de
la richesse mobiliaire de la nation; plus en
effet celle-ci va croissant, et plus on a lieu
de croire qu'il s'en accumulera une partie
entre les mains de gens que leurs inclina-
tions n'appelleront point à en faire usage
eux-mêmes : D'autres causes cependant peuvent influer aussi sur leur nombre, telles
que le préjugé défavorable qu'un changement
dans les mœurs nationales peut attacher aux
professions lucratives, les progrès de l'oisi-
veté, de la mollesse et du luxe, qui lors
même que le capital de la nation n'éprouve
aucune variation, engagent chaque jour un

plus grand nombre de riches à renoncer au commerce et aux entreprises, pour entrer dans la classe des capitalistes, et par conséquent augmenter la concurrence qu'ils se font les uns aux autres.

Le désir de contracter des capitalistes peut d'autre part être diminué par différentes causes; il s'affoiblira par exemple, si la religion fait considérer le prêt à intérêt comme usuraire, si le Gouvernement ne protège pas les prêteurs, si le recouvrement de leurs fonds n'est pas facilité par l'administration d'une bonne et prompte justice, si les propriétés sont mal assurées, si le commerce est exposé à des avaries fréquentes, qui peuvent ruiner tout ensemble et l'emprunteur et le prêteur; enfin, si la mauvaise foi est commune, et si la plupart des débiteurs inspirent peu de confiance; les capitalistes dégoûtés par toutes ces circonstances, se détermineront plus difficilement à confier leurs fonds, et pour les y engager, il faudra leur assurer une plus grosse part dans les profits qu'on en peut attendre.

Le nombre et les désirs des emprunteurs

peuvent de même être accrus par des causes
très-différentes ; en effet, tous les emprunteurs ne destinent pas le prêt qu'ils obtiennent à mettre en mouvement un travail productif et à donner de l'activité à l'industrie ;
les dissipateurs qui empruntent pour subvenir à leurs profusions, le Gouvernement qui
fait usage du même expédient pour parer
aux dépenses extraordinaires de l'État, font
l'un et l'autre concurrence aux emprunteurs
industrieux ; et comme leurs besoins sont
plus urgens encore, ils ne diminuent pas
seulement leurs forces par l'augmentation
de leur nombre, mais aussi par leur plus
grand désir de contracter.

Quant aux emprunteurs qui veulent faire
usage des fonds qu'ils demandent, pour
mettre en mouvement un nouveau travail ;
leur nombre et leurs désirs sont modifiés,
soit par le caractère et les préjugés nationaux, lesquels relèvent ou abaissent le rang
de ceux qui se vouent au commerce et aux
manufactures, comparativement avec celui
des ouvriers improductifs et des oisifs ; soit
encore plus par le profit qu'ils peuvent at-

tendre des entreprises auxquelles ils veulent se livrer ; plus il est considérable, plus le marché pour lequel ils travaillent s'étend devant eux, et plus le désir de partager ce profit doit les rendre coulans sur les avantages qu'ils accordent aux capitalistes, parce que ces derniers seuls peuvent les mettre en état d'en obtenir pour eux-mêmes.

On peut bien en général considérer la diminution de l'intérêt comme un signe de prospérité nationale, soit parce qu'elle indique une augmentation de richesse circulante, soit parce qu'elle donne lieu de supposer que le profit mercantile a diminué dans la même proportion, et que dans le partage qui se fait entre l'ouvrier et celui qui l'employe, le premier a gagné ce que le second a perdu, en sorte que la classe la plus nombreuse et la plus intéressante de la société n'est pas réduite à l'absolu nécessaire par le profit des capitalistes. Cependant il peut fort bien arriver aussi que l'intérêt se soutienne au même taux, ou même qu'il augmente, sans que cette altération soit le signe d'une diminution de valeur des capitaux na-

tionaux ; elle indique seulement qu'un marché plus étendu , un commerce plus vaste,
se sont ouverts à la nation ; qu'appelée à
une industrie plus active , il lui faut plus de
fonds pour la mettre en mouvement , et
qu'en conséquence le profit a pu augmenter
sans que le salaire ait éprouvé de diminution.

L'intérêt est resté en France pendant plus
d'un siècle , et depuis le tems de Colbert
jusqu'à l'époque de la révolution , aux envi-
rons de cinq pour cent. Cependant les capitaux
françois s'étoient considérablement accrus
durant cet intervalle , mais ils étoient ap-
pelés à maintenir une industrie toujours plus
étendue , et à donner de l'activité à un commerce toujours plus vaste : pour que l'intérêt
des fonds baissât en France , il auroit fallu
que l'augmentation de sa richesse fût plus
rapide que l'extension donnée à son industrie. Mais lorsqu'un État est encore loin
d'arriver au faîte de la prospérité , il s'ouvre
chaque jour pour lui de nouvelles branches
d'industrie et de commerce , et bien que ses
capitaux aillent en augmentant , ses besoins
augmentent quelquefois plus rapidement

encore ; or les profits du commerce , et l'intérêt des fonds, suivent la progression de ces
derniers. C'est ce qui arrive d'une manière
bien évidente dans les États-unis d'Amérique,
où l'intérêt et le profit mercantile n'ont subi
aucune diminution , malgré la rapidité extrême de l'accroissement de la fortune publique.

Comme il arrive fréquemment que les
diverses causes que nous avons énumérées,
et qui déterminent le nombre et les besoins
des emprunteurs et des prêteurs, se balan-
cent entr'elles , il en résulte le plus souvent
que ces deux classes se partagent par égales
portions les profits du commerce , si bien
que lorsque l'intérêt est à cinq pour cent,
on peut supposer que le profit habituel du
manufacturier ou du négociant est de dix
pour cent ; mais quelques - unes des causes
morales que nous avons indiquées, se réunissent dans plusieurs pays , en Espagne
par exemple , pour rabaisser très-fort l'intérêt du capital relativement au profit du
commerce.

Il convient de rappeler une dernière fois

que le capital qui circule aussi bien que celui qui se prête, n'est point de l'argent monnoyé, mais des marchandises à l'usage de l'homme, fruit de son travail, échangeables contre un travail nouveau, et qui sont quelquefois, mais pas toujours, représentées par du numéraire. Il arrive très-fréquemment dans le commerce, qu'une commandite, une mise en fonds, un crédit, s'effectuent en marchandises et non pas en argent. Il arrive tout aussi fréquemment chez les cultivateurs, que les avances du propriétaire au colon, se font en grains, en fourrages, en bétail, et en instrumens aratoires; l'effet est cependant précisément le même; toutes les fois qu'un capital est mis en circulation, peu importe que les espèces en soient ou non le signe, le travail commence, et la production remplace avec bénéfice la consommation.

CHAPITRE

CHAPITRE IV.

Revenus et dépenses de la société ; leur balance.

DANS les trois chapitres qui précèdent celui-ci, nous avons examiné successivement l'origine de la richesse nationale, et les deux manières dont elle peut s'accumuler; nous avons vu que soit qu'elle se fixe ou qu'elle circule, il est dans sa nature de produire annuellement une augmentation de valeur, que nous avons déjà pu soupçonner de former le revenu national. Mais il est fort important de s'arrêter davantage sur cet examen, et de résoudre définitivement la question qui se présente à nous : *quel est ce revenu national ?* ou, quelle est la portion de la richesse circulante chez une nation, que les individus qui la composent peuvent consommer dans l'année, sans la

Tome I. F

faire déchoir de sa prospérité actuelle ?
Puisqu'une nation comme un particulier a
des recettes et des dépenses, elle doit aussi
comme un particulier maintenir la balance
entr'elles. Si ses dépenses égalent ses revenus, sa fortune demeurera au même point,
sans faire de progrès et sans décliner ; mais
elle s'accroîtra si ses dépenses n'égalent pas
ses revenus, et elle se dissipera si les premières surpassent les seconds. Le bilan
annuel de ses revenus et de ses dépenses
peut donc être considéré comme le thermomètre de sa prospérité.

Nous nous proposons en conséquence
d'examiner dans ce chapitre, quelle est la
dépense, et quel est le revenu de la société ;
comment ce revenu se partage entre ses diverses classes ; sur quels principes on en
doit calculer la balance ; enfin ce que l'on
doit penser d'un système trop généralement
répandu, selon lequel on considère une
grande dépense comme un grand avantage
national, parce qu'elle répand beaucoup
d'argent.

La dépense réunie de tous les individus

n'est point la somme de leurs déboursés en numéraire, mais celle de leur consommation; en effet celui qui se nourrit du blé recueilli chez lui, dépense, quoi qu'il n'achète pas : Cette dépense est égale à la masse de denrées, de marchandises, et de richesse mobiliaire, que tous les individus, chacun pour soi, appliquent à leur usage, qu'ils retirent de la circulation, et destinent non plus à de nouveaux échanges, mais à leur consommation, non plus à gagner, mais à vivre, ou à jouir (1).

Cette dépense pour chaque individu,

(1) La dépense des individus n'est pas toujours accompagnée de la destruction immédiate des objets qu'ils destinent à leur consommation, les habits, les meubles, les équipages, s'usent plus ou moins lentement, mais ne cessent pas d'exister comme les denrées dès qu'on en fait usage. D'autres objets, comme la vaisselle, les tableaux, les bijoux, peuvent durer des siècles; dès le moment où le dernier acheteur les a destinés à son usage, ils ne font plus partie du capital circulant, et ne produisent plus de revenu; ils sont retranchés d'entre les capitaux pour passer dans le fonds destiné à la dépense. La prolongation de leur existence est cependant un avantage, les particuliers

n'égale pas toujours ce qu'il considère comme
étant la sienne ; en effet il comprend dans
l'état de ses déboursés, non - seulement sa
propre consommation , mais encore celle des
gens à qui il a fourni la leur ; cependant si
nous accumulions de cette manière la
dépense de tous les membres d'une nation,
nous ferions beaucoup de doubles emplois ;
en effet nous compterions la dépense du
riche , dans laquelle seroit comprise celle
de tous ses domestiques , puis de nouveau
la dépense de chacun de ses valets , qui font
aussi partie de la nation ; tandis qu'en ne
considérant que la consommation que chacun fait pour soi, il ne peut y avoir aucun
double emploi , et la masse de richesse mobiliaire qui est annuellement retirée de la
circulation , pour être appliquée à l'usage

---

ou la nation qui font un pareil emploi de leur revenu,
restent plus riches que ceux qui consomment le leur
dans le luxe de la table : cette richesse improductive et
non encore consommée augmente en tout tems l'aisance nationale , et dans les jours de calamité, c'est
une ressource, puisqu'on peut l'échanger contre une
richesse plus utile.

de tous les citoyens, doit nécessairement être égale à la dépense nationale de l'année.

Nous pouvons nous former une idée tout aussi précise du revenu national; en effet nous avons vu que la rente des terres, et celle de tous les capitaux fixes, se fondoient dans le prix du produit du travail, et l'augmentoient; nous avons vu aussi que le capital circulant s'échangeoit contre un travail plus considérable à faire, et que par conséquent le profit de ce capital se trouvoit réuni au prix de ce même travail. Il en résulte donc que le produit annuel du travail, rendu plus profitable par l'accumulation du capital circulant et du capital fixe, doit comprendre tout le revenu national (2).

Remarquons à présent qu'une portion du

_____

(2) On s'étonnera peut-être que je calcule les revenus nationaux, avant de faire mention de deux autres espèces de capitaux que nous examinerons dans les deux chapitres suivans, le numéraire, et les créances ou le capital immatériel; mais ainsi que nous le verrons, le premier est absolument stérile, et ne produit point par soi-même d'accroissement de valeur ou de revenu; le second qui paroît bien donner aux

salaire des ouvriers productifs, représente cette partie de la richesse mobiliaire, qui est strictement nécessaire à leur entretien (3); cette portion qui est tout aussi nécessairement accumulée dans le prix de leurs productions, ne fait partie à proprement parler ni de la dépense, ni du revenu de la nation, on peut la soustraire de l'une et de l'autre, c'est une quantité égale, qui retranchée des deux parts, n'altérera point leur proportion; nous l'appellerons le salaire nécessaire.

Il y a d'autant moins d'inconvéniens à retrancher de part et d'autre ce salaire nécessaire, qu'on ne peut réellement pas le considérer comme une dépense nationale; en effet ce que l'ouvrier productif destine à sa subsistance, lui est fourni par spécu-

---

particuliers une rente, n'en donne cependant point à l'Etat; le capital immatériel n'étant autre chose qu'un droit en participation au revenu du capital matériel; c'est donc uniquement dans l'accroissement du capital matériel et circulant que doit se trouver tout le revenu de la société.

(3) Voyez la note de la page 30. La subsistance des enfans de l'ouvrier doit être comprise dans son salaire nécessaire.

lation par ceux qui lui font des avances, lesquels sont assurés que l'ouvrage qu'il leur donnera en payement, vaudra plus que la consommation du journalier, représentée par le salaire qu'ils lui avancent. Tous les autres individus de la nation consomment, mais l'ouvrier productif ne fait qu'échanger. La nation elle-même, ainsi que nous l'avons vu dans les chapitres précédens, ne peut s'enrichir que par ces échanges du présent contre l'avenir.

Sous ce nouveau point de vue, la dépense nationale n'est plus la consommation annuelle de tous les individus, mais cette consommation moins celle qui est requise pour l'entretien des ouvriers productifs, ou leur salaire nécessaire : de même le revenu national n'est plus le produit annuel du travail, mais ce produit après qu'on en a retranché le salaire nécessaire auquel il est dû, soit la subsistance des ouvriers productifs qui ont créé le revenu de l'année.

On ne peut se former une plus juste idée du salaire nécessaire, qu'en l'assimilant aux semences que le laboureur confie à la terre;

comme elles se retrouveront sur la récolte
et qu'on peut les y prélever, on n'est point
obligé de les comprendre , ni dans les dépenses de la ferme , ni dans ses produits ; on
les retranche donc de part et d'autre. Mais
c'est en proportion de ce que le laboureur
sème chaque année , et de ce que le capitaliste avance chaque année en salaire nécessaire , qu'ils doivent l'un et l'autre attendre
une récolte plus ou moins abondante , les
autres circonstances influantes étant d'ailleurs égales. Or ces circonstances influantes
sont dans les deux cas, l'effet plus ou moins
actif des capitaux fixes plus ou moins accumulés ; ici pour amender la terre , et faciliter son ouvrage ; là pour perfectionner l'ouvrier lui-même , ses outils , et ses moyens
de travail. L'augmentation de salaire nécessaire est donc pour une nation le signe d'une
activité croissante , comme l'augmentation
de ses semailles est chez le laboureur le
signe d'une plus grande exploitation.

Le salaire nécessaire doit être évalué en
marchandises , en denrées , en objets de nécessité première pour les ouvriers ; il est

alors toujours le même relativement au travail qu'il met en mouvement, c'est-à-dire
que la même masse de nourriture et de vêtemens est toujours nécessaire pour déterminer l'emploi permanent de toutes les forces
d'un ouvrier; cependant l'ouvrage qu'il peut
faire par l'emploi de toutes ses forces, s'accroît avec l'avancement de la société, lorsque
par la multiplication de ses capitaux les
métiers sont mieux divisés, et que chacun
est assisté par de meilleurs outils.

Lorsqu'une mauvaise récolte, ou des impôts mal entendus, font hausser le prix des
vivres, le salaire nécessaire exprimé en
numéraire paroît plus considérable, il est
le même en effet; c'est toujours une quantité égale de nourriture et de vêtemens
strictement nécessaires, aussi malgré cette
altération dans la valeur numérique, le produit du travail qu'il met en mouvement est-
il le même; mais si des gens oisifs ou des
ouvriers improductifs entreprennent un travail productif, la somme du salaire nécessaire sera réellement augmentée, aussi pro-
duira-t-elle pour l'année suivante une plus

grande masse de richesses dans leur travail, et pour cette année une diminution dans la dépense, partie de leur consommation étant retranchée de la dépense nationale, pour être comptée dans le salaire nécessaire.

Le revenu de la société n'étant donc autre chose que le produit annuel de son travail, moins le salaire nécessaire qui l'a mis en mouvement, il s'agit à présent de voir comment s'en fait la distribution entre tous les citoyens. On peut à cet égard diviser la nation en six classes, dont trois participent directement à ses revenus, et trois autres n'y ont proprement aucune part, mais se font un revenu de celui d'autrui : ces trois dernières peuvent être réunies en une seule, que j'appellerai la *classe improductive.*

La première classe qui partage le revenu national, est celle des ouvriers productifs, lesquels outre le salaire nécessaire, obtiennent presque toujours une partie plus ou moins considérable du superflu de leur propre production ; ils peuvent ou l'économiser, ou la consacrer à leurs jouissances ; j'appellerai cette part, le salaire superflu.

Les propriétaires de la richesse mobiliaire, tant ceux qui prêtent leurs capitaux,
que ceux qui les mettent en mouvement,
prennent pour leur part dans ce revenu,
toute la valeur de leurs *profits*, ou toute
la part du superflu de produit du travail,
que l'ouvrier leur abandonne en rétribution
de leurs avances.

Les propriétaires des capitaux fixes et des
terres, y participent enfin, pour toute la
valeur que le travail fixé ajoute au travail
annuel de l'homme, ou pour leur *rente*.

Ces trois classes que l'on pourroit appeler productives, créant le revenu national
qu'elles possèdent en totalité, doivent aussi
en dernière analyse supporter toute la
dépense, en sorte que leur bilan doit être
celui de la nation : la principale de ces
dépenses est celle de nourrir la classe improductive, qui vit absolument à leurs frais ;
celle-ci est composée de gens très utiles à la
société, et de gens qui lui sont très nuisi-
bles ; de tout ce que nous respectons le
plus, et de tout ce que nous méprisons
davantage : ce n'est que sous un rapport

pécuniaire que l'on peut réunir sous un seul point de vue des personnes qui se ressemblent aussi peu que les magistrats, les gens de lettres, les militaires, d'une part, les mendians, les prostituées, et les voleurs de l'autre ; avec une foule de rangs intermédiaires, qui de même que les précédens, vivent aux dépens des trois premières classes de la société.

La classe qui n'a point de revenus peut se diviser en trois, parce qu'elle met en œuvre trois moyens différens pour partager ceux des classes productives. Le premier c'est d'embrasser la défense des intérêts des autres, moyennant une rétribution prise sur leurs biens ; les revenus d'un Gouvernement légitime, d'un établissement militaire proportionné au besoin de la nation ; des juges, des avocats, des médecins, des ministres du culte, proviennent de cette source. Le second expédient c'est de *vendre* des jouissances, à ceux qui ayant un revenu superflu, en consacrent une partie à nourrir leur esprit, à satisfaire leurs sens, ou à flatter leur vanité ; à cette seconde section appartiennent les revenus des philosophes , des poëtes , des musiciens (4), des comédiens ; ceux des perruquiers , barbiers , baigneurs, etc. ceux enfin de tous les domestiques d'une maison. La troisième section de la classe improductive obtient gratuitement partie du bien d'autrui par la violence, la ruse , ou la pitié ; les Gouvernemens despotiques et injustes , ou même trop dispendieux , avec tous ceux qu'ils salarient, ainsi que les brigands, les voleurs de toute dénomination , et les mendians , appartiennent à cette section. Les trois classes productives contribuent toutes plus ou moins comme on voit au maintien de la classe improductive , en sorte que les dépenses de celle-ci sont toutes passées en compte dans

(4) Les gens de lettres et les musiciens sont des ouvriers productifs lorsqu'ils publient leurs œuvres , car la valeur de leur travail doit se trouver réalisée dans celle de leur manuscrit : ils sont improductifs au contraire lorsqu'ils se contentent de donner des leçons, de réciter, ou d'exécuter leurs compositions. Les peintres sont dans tous les cas des ouvriers productifs.

les leurs. Aussi la dépense nationale est-elle égale à la masse de richesse mobiliaire que les trois classes productives ont ou consommée elles-mêmes , ou aliénée définitivement et sans espoir de la voir renaître ; ce qui comprend les impôts que les citoyens de ces trois classes ont payé au Gouvernement, les rétributions qu'ils ont accordées à tous ceux qui ont contribué à leur bien-être, et les portions de leur revenu saisies par la force, la fraude , ou la pitié ; tandis que cette définition ne comprend point au contraire le salaire nécessaire, parce qu'il n'est jamais une aliénation définitive.

Les revenus et les dépenses de la société se présentent donc ici à nous sous un troisième point de vue ; les premiers sont ceux d'une partie de la nation qui en est seule propriétaire , les secondes sont celles de la même partie de la nation qui fournit aux autres leur nourriture.

Si les dépenses des trois classes productives surpassent leurs revenus , la nation doit indubitablement s'appauvrir ; à moins que la classe improductive ne fasse sur le revenu qu'elle obtient d'elles, des économies aussi considérables que l'est le déficit à la balance des premières, et qu'elle ne replace dans la circulation autant de capitaux que celles-ci en auront retiré; or on n'a pas lieu de s'y attendre. Il n'est guère possible que les classes productives dissipent jamais leurs capitaux, à moins qu'elles n'y soient contraintes par la violence ou la ruse; c'est donc entre les mains de la troisième section de la classe improductive que passeront les capitaux qui leur seront enlevés. Cette section composée des suppôts d'un Gouvernement tyrannique, de brigands, et de voleurs, ne thésaurise jamais, parce qu'elle compte sur les mêmes moyens pour se procurer de nouveaux fonds, après que ceux qu'elle possède seront dissipés. Il semble que c'est ce qui arrivoit dans presque toutes les provinces de l'Empire Ottoman, et plus particulièrement en Egypte, où les Mammelucs dissipoient par leur faste, non pas les revenus seuls, mais les capitaux des classes productives. Au reste ceux de la quatrième classe qui accumulent des riches-

ses , soit qu'ils les fixent ou qu'ils les fas=
sent circuler , entrent par le fait , et pour
cette partie de leur fortune , dans une des
classes productives , en sorte qu'ils sont com=
pris dans notre balance générale (5).

Supposons une nation qui n'ait point habituellement de commerce extérieur , le produit de son travail sera conséquemment égal
à sa consommation ; car si elle produisoit
plus qu'elle ne peut consommer , ne faisant
point d'exportation , une partie des fruits de
son travail lui seroit inutile , il baisseroit
de prix , et arrêteroit la production pour
l'année suivante. Malgré cet isolement , et

---

(5) Mr. Garnier (note XX. p. 181.) a remarqué
avec raison que certaines professions improductives se
distinguent par leur goût pour l'économie , que les
domestiques particulièrement alimentent par leurs
petits capitaux, fruits de leurs épargnes , une partie
considérable du commerce des grandes villes. Ils appartiennent alors à la seconde classe de la société
comme capitalistes , et à la cinquième comme valets ;
aussi leurs revenus sont-ils en partie directs, quant
aux intérêts qu'ils perçoivent, et en partie indirects,
quant aux gages qu'on leur paye.

cette

cette égalité entre la production et la consommation, la balance entre les revenus et les dépenses, peut cependant être égale, favorable, ou défavorable. Elle sera égale si les trois classes productives consacrent au salaire nécessaire, une portion de richesse mobiliaire précisément égale à celle qu'elles lui avoient consacré l'année précédente ; car alors déduisant deux sommes égales, de deux quantités égales, savoir la consommation et la production, les restes seront égaux, la nation n'aura ni perdu ni gagné; un salaire nécessaire égal mettra en mouvement l'année suivante un travail égal, et le revenu sera le même. Elle sera favorable, si la dépense des trois classes productives est moindre que leur revenu; ce qui ne peut se faire que parce que le salaire nécessaire qu'elles avancent cette année est plus considérable que celui qu'elles ont avancé l'année précédente; la consommation et la production étant égales, et toute la différence entr'elles étant, que de la première il faut retrancher le salaire nécessaire de l'année passée, pour avoir le revenu, et

Tome I.   **G**

de la seconde le salaire nécessaire de l'année courante pour avoir la dépense ; un plus grand salaire nécessaire mettra cette année plus de travail en mouvement, et le revenu de l'année prochaine sera plus considérable. Si chaque année il se fait de même une économie sur les revenus, ceux de l'année suivante augmenteront progressivement, et les richesses de l'État iront toujours en croissant, sans qu'il ait besoin pour cela d'aucun commerce avec l'étranger. Enfin elle sera défavorable, si la dépense des trois classes productives surpasse leur revenu, car alors comme chaque année elles avancent un moindre salaire nécessaire, chaque année le revenu national décroîtra, sans que son déclin nécessite aucune exportation, ou qu'aucune nation étrangère en profite.

Si la nation dont nous parlons fait un commerce avec l'étranger, il pourra consister principalement dans l'échange de ses productions contre d'autres productions, et sa consommation pourra être égale à la valeur des fruits de son travail annuel ; mais elle pourra aussi échanger partie de ses marchandises contre des créances sur l'étranger, et prêter aux nations avec lesquelles elle commercera ; ou au contraire elle pourra donner en retour contre les marchandises de l'étranger des créances sur elle-même ; c'est-à-dire emprunter des nations avec lesquelles elle trafique. Dans le premier cas sa dépense sera égale à sa production moins le salaire nécessaire qu'elle avance et les prêts qu'elle a faits ; dans le second elle sera égale à sa production jointe aux emprunts qu'elle a faits, moins le salaire nécessaire qu'elle avance. Cela doit être ainsi, puisque dans la première supposition, il s'en faut de toute la valeur de ses créances que sa consommation égale sa production, et que dans la seconde, la consommation surpasse la production d'une valeur égale à celle de ses dettes.

Comme cette manière de présenter la balance nationale est absolument nouvelle, qu'elle est fort importante à bien saisir, et qu'il faut chercher à dissiper toute l'obscurité qui peut l'envelopper encore, nous représenterons par des chiffres le revenu, les dépenses, le

salaire nécessaire, et les créances, que nous
supposerons à de petites nations, pour expliquer les différentes altérations que peut
subir la balance de leurs revenus.

Supposons qu'il existe trois Cantons ou petits peuples marchands, dont la consommation
soit précisement égale, celle de chacun d'eux
montant en l'an 1800 à dix millions de livres.
Désignons ces trois Cantons par les lettres A.
B. et C. D'après le système des économistes,
et même d'après celui de plusieurs mercantiles, la consommation est la mesure de la
reproduction, en sorte que ces trois peuples
devroient se trouver au même degré de
prospérité ; cependant nous allons voir au
contraire qu'avec une consommation égale,
selon que leur industrie s'accroît ou se ra-
lentit, selon aussi l'état de leurs créances
ou de leurs dettes envers les étrangers,
chacun de ces peuples peut avancer un plus
ou moins grand salaire nécessaire, et jouir
d'un plus ou moins grand revenu.

Que le Canton A. ne commerce point
avec l'étranger, sa production sera par conséquent égale à sa consommation ; qu'en 1799

les capitalistes qu'il contient aient avancé quatre millions en salaire nécessaire, ce qui leur a produit en 1800 un travail fait valant dix millions, soit six millions de revenus à répartir entre tous les habitans; si en 1800 le Canton consacre 4,400,000 l. au salaire nécessaire, il s'en faudra de 400,000 liv. qu'il ait mangé tout son revenu, aussi aura-t-il d'après la même proportion onze millions de produit brut en 1801. soit 6,600,000 l. de revenu, et ainsi de suite.

Que le Canton B. commerce avec l'étranger, de telle sorte que sa production surpasse sa consommation, et qu'il vende au dehors pour 250,000 l. de plus qu'il n'en retire, si bien qu'il reste créancier des étrangers pour cette somme : Que le produit de son travail valant 10,250,000 l., soit le fruit d'un salaire nécessaire de 4,100,000 l. avancé en 1799 (6). En 1800 sa consommation ne

---

(6) Nous adoptons pour simplifier comme proportion constante du salaire nécessaire au produit brut qu'il donne, celle de 2 à 5. C'est d'après des calculs faits dans un pays où l'industrie n'est pas très per-

G 5

montant qu'à 10 millions il aura économisé la créance qu'il aura faite à l'étranger. S'il peut de plus comme le Canton A. consacrer 400,000 l. à augmenter le salaire nécessaire, il sera plus riche que ce premier, de toute la valeur de sa créance.

Que le canton C. fasse aussi un commerce avec l'étranger, mais tel que sa consommation surpasse sa production pour la valeur de 250,000 l. en sorte qu'il emprunte des étrangers cette somme en marchandises, par delà celles qu'il obtient d'eux par des échanges ; le produit de son travail en 1800 n'arrivant à valoir que 9,750,000 l., en suivant la même proportion, nous devons supposer que le salaire nécessaire avancé par lui en 1799, ne montoit qu'à 3,900,000 l. Si comme les deux autres il avance en 1800, l. 400,000 de plus que l'année précédente, en salaire nécessaire, l'économie qu'il aura faite dans l'an-

fectionnée que nous l'avons fixée ainsi ; elle est certainement bien plus forte à Genève, et dans toutes les villes industrieuses et riches ; un moindre salaire nécessaire y procure un plus grand produit brut.

née ne sera que de 150,000 l. tandis que A. en aura fait une de 400,000 l. et B. une de 650,000 l. car dans cette première supposition le bilan de ces trois cantons est comme suit :

Revenus.	Dépenses.	Epargnes.
de A. 6,000,000.	5,600,000.	400,000.
de B. 6,150,000,	5,500,000.	650,000.
de C. 5,850,000.	5,700,000.	150,000.

Supposons à présent que les trois Cantons au lieu d'avancer un salaire nécessaire plus considérable en 1800 , avancent précisément le même qu'en 1799 , toutes les autres circonstances restant les mêmes ; leur bilan sera comme suit :

Revenus.	Dépenses.	Epargnes.
de A. 6,000,000.	6,000,000.	000.
de B. 6,150,000.	5,900,000.	250,000.
de C. 5,850,000.	6,000,000.	Défic.250,000.

Auquel cas le premier reste stationnaire ; le second s'enrichit , et le troisième se ruine.

Supposons enfin que les trois cantons se ruinent, chacun consacrant en 1800, 400,000 l. de moins au salaire nécessaire qu'il ne fai-

G 4

soit en 1799, leur bilan pour cette année sera comme suit :

Revenus.	Dépenses.	Déficit.
de A. 6,000,000.	6,400,000.	400,000.
de B. 6,150;000.	6,300,000.	150,000.
de C. 5,850,000.	6,400,000.	650,000.

L'on voit donc que la plus importante des observations à faire sur l'accroissement ou le déclin de la prospérité nationale, c'est la comparaison du salaire nécessaire avancé dans l'année courante, avec celui avancé dans la précédente ; puisque selon que la différence est nulle, ou qu'elle est une quantité positive ou négative, la nation peut s'enrichir ou se ruiner, lors même que la situation de son commerce étranger sembleroit indiquer des résultats contraires (7).

---

(7) Ceux qui ne sont pas familiarisés avec le langage algébrique, ne donnent aucune attention aux calculs qui leur sont présentés sous cette forme ; ceux au contraire qui ont une fois pris l'habitude de considérer les idées et les nombres abstraitement, répugnent à voir faire des suppositions numériques, qui leur paroissent toujours invraisemblables ou inexactes :

Ainsi donc la balance générale dés exportations et importations , qu'on connoît sous

---

pour contenter les uns et les autres , je généraliserai
dans cette note ce qui est exposé dans le texte , et
j'adopterai cette fois seulement le langage des sciences
exactes ; mais je le répète , ce ne sera que cette fois,
car appliquer ce langage à une science qui n'est point
exacte, c'est s'exposer à des erreurs continuelles. L'économie politique n'est point fondée uniquement sur le
calcul , une foule d'observations morales qui ne peuvent être soumises au dernier , altèrent sans cesse les
faits ; vouloir en faire constamment abstraction , c'est
pour le mathématicien supprimer au hasard des figures
essentielles de chacune de ses équations.

Appelons P. la production du travail national pendant l'année ; N le salaire nécessaire antérieur auquel
ce travail est dû. $P — N$ sera le revenu. Que D soit
la dépense, X la différence entre le salaire nécessaire
antérieur , et celui avancé dans l'année courante ,
différence qui peut être ou nulle ou positive ou négative, en sorte que $\overline{N + X}$ sera ce dernier salaire.
Enfin c représente les dettes ou créances sur l'étranger.

Lorsqu'une nation n'a point de commerce extérieur,
sa consommation est égale à sa production : or cette
consommation c'est $D + \overline{N + X}$. Or $D + \overline{N + X}$
$= P.$ ou $D = P — \overline{N + X}$. Lorsqu'elle en a un ,
si elle emprunte des étrangers, sa consommation non-

le nom de balance du commerce, lors même qu'on la calculeroit avec exactitude, (chose

---

seulement égale sa production, mais elle comprend de plus l'emprunt qu'elle fait aux étrangers, ensorte que $D + \overline{N + X} = P + C$. soit $D = P + C - \overline{N + X}$. Lorsqu'enfin la nation prête chaque année aux étrangers, il s'en faut de toute la valeur de ce prêt que sa consommation égale sa production ; alors $D + \overline{N + X} = P - C$, soit $D = P - C - \overline{N + X}$. D'où il résulte que l'état progressif ou rétrograde de la nation dépend toujours de l'évaluation de X ou de la différence entre le salaire nécessaire d'une année et celui de la suivante.

Supposons d'abord que C est égal à X, et que l'un et l'autre sont le $\frac{1}{10}$ de N. Nous aurons pour exposition du bilan de la première nation $D = P - \frac{11N}{10}$, ensorte que sans commerce extérieur elle s'enrichira de la quantité $\frac{N}{10}$ chaque année, différence entre la quantité $P - N$ son revenu, et $P - \frac{11N}{10}$ sa dépense. Pour exposition du bilan de la seconde nation nous aurons $D = P - N + \frac{N}{10} - \frac{N}{10}$, soit $D = P - N$. ensorte que quoiqu'elle importe chaque année des marchandises des étrangers, au-delà de la valeur de ses exportations, et qu'elle s'endette toujours

extraordinairement difficile) ne suffiroit point
pour prononcer si une nation est dans un

---

plus vis-à-vis d'eux , elle sera cependant dans
un état stationnaire , et ne s'appauvrira ni ne
s'enrichira. Pour exposition du bilan de la troisième nation ou de la prêteuse, nous aurons $D = P$
$- N - \frac{2 N}{10}$ soit $D = P - \frac{12 N}{10}$ et celle - ci
s'enrichira de $\frac{N}{5}$ chaque année , prêtant la quantité
$\frac{N}{10}$ aux étrangers , et employant une quantité égale
à augmenter le produit intérieur.

Supposons ensuite $C = \frac{N}{20}$ et $X = \frac{N}{10}$ nous aurons pour exposition du bilan des trois nations,

1.e $D = P - \frac{11 N}{10}$

2.e $D = P + \frac{N}{20} - N - \frac{N}{10}$ soit $D = P -$
$\frac{21 N}{20}$

3.e $D = P - N - \frac{N}{10} - \frac{N}{20}$ soit $D = P - \frac{23 N}{20}$

En comparant D avec $P - N$ qui est le revenu de
toute nation , nous voyons que toutes trois s'enrichissent , mais inégalement.

Supposons ensuite que C reste égal à $\frac{N}{20}$, mais
que $X = O$, nous aurons pour bilan des trois
nations,

1.e $D = P - N$.

2.e $D = P - \frac{19 N}{20}$

3.e $D = P - \frac{21 N}{20}$)

état rétrograde, ou de prospérité croissante; à moins qu'on ne la combinât avec la seule observation déterminante, savoir la proportion entre le salaire nécessaire à retrancher du prix de la production obtenue, et le salaire nécessaire avancé pour une production à obtenir.

C'est seulement le salaire nécessaire, et non pas le salaire total des ouvriers productifs, qui détermine la masse de travail mise en mouvement, et qui se retrouve en entier dans la production ; le salaire superflu est

---

En sorte que la première sera stationnaire, que la seconde se ruinera, et que la troisième s'enrichira.

Supposons enfin que c restant égal à $\frac{N}{20}$, x soit une quantité négative égale à $\frac{N}{10}$, c'est-à-dire, que les trois nations diminuent d'un dixième la somme qu'elles destinent au salaire nécessaire; nous aurons pour exposition de leur bilan

$1.^e$ $D = P - \frac{9\,N}{10}$

$2.^e$ $D = P - N - \frac{N}{10} - \frac{N}{20}$ soit $D = P - \frac{17\,N}{20}$

$3.^e$ $D = P - N - \frac{N}{10} + \frac{N}{20}$ soit $D = P - \frac{19\,N}{20}$

En sorte que toutes trois se ruineront, mais non dans une progression également rapide.

destiné par l'ouvrier à son luxe et à ses jouissances ; tantôt il échange l'étroit néces-saire auquel il a droit contre des alimens et des vêtemens plus de son goût, tantôt il con-sacre ce superflu qui forme son revenu à l'entretien d'ouvriers improductifs qui contri-buent à ses plaisirs , tantôt ce superflu lui est enlevé par les impôts du Gouvernement pour maintenir d'autres ouvriers improduc-tifs qu'on suppose utiles à sa défense. Ces différens emplois du salaire superflu entrent tous également dans la classe des dépenses nationales , et quelle que soit la proportion entre le salaire superflu et le nécessaire , si celui-ci reste le même , la valeur de la pro-duction n'en est pas altérée ; elle ne l'est pas même , soit que l'ouvrier ne puisse obtenir du capitaliste aucun salaire superflu , soit que celui-ci lui soit enlevé en entier par les impôts. Mais dans l'un et l'autre cas un homme sensible ne peut voir sans douleur la classe la plus intéressante de la nation, celle qui la nourrit toute entière du fruit de ses sueurs , privée de toutes ses jouissances, pour en faire le partage de gens oisifs , ou qui lui sont à charge.

Lorsqu'une nation s'enrichit, ce qui revient toujours à dire lorsqu'elle consacre chaque année une plus grande masse de richesse mobiliaire à avancer le salaire nécessaire, et à fournir l'entretien d'un plus grand nombre d'ouvriers productifs, elle les fait naître, elle les appelle de l'étranger, ou elle les élit d'entre les hommes qui composent la classe improductive. Mais pour les déterminer au travail, il ne suffit pas de leur offrir le salaire nécessaire ; c'est par un partage plus libéral du superflu que les capitalistes les y engagent ; c'est en leur offrant un salaire assez considérable pour vaincre la nonchalance ou les préjugés, et pour faire envisager, ainsi que dans l'Amérique libre, le travail manuel comme l'une des sources les plus abondantes de revenu. Aussi est-ce chez les nations dont la prospérité va en croissant qu'il y a le plus de jouissances, et la plus grande masse de bonheur pour la classe la moins aisée de la société, pour celle dans laquelle il dépend de chacun d'entrer (8).

_____

(8) Le travail est récompensé à St. Pétersbourg avec presque autant de libéralité qu'en Amérique. Le

Comme la richesse mobiliaire n'est jamais produite que pour être appliquée ensuite à l'usage de l'homme, il existe un rapport nécessaire entre la production totale, et la consommation totale du monde commerçant ; car si le produit mobilier du travail d'une année pour tout le genre humain, surpassoit sa consommation de la même année, il y auroit un excédant à consommer pour l'année suivante, qui décourageroit d'une production ultérieure, en la rendant inutile. (9). De la même manière une nation qui

---

salaire le plus bas d'un manouvrier n'est pas au-dessous d'un franc 50 c. ; un bon ouvrier peut aisément gagner trois francs par jour, les charpentiers, maçons, etc. sont payés à un prix bien plus élevé encore ; cependant un homme peut se nourrir suffisamment avec 30 ou 35 centimes, c'est là tout le salaire nécessaire : (Henri Storch, tableau de Pétersbourg.) ce haut prix de la main-d'œuvre, au centre d'un pays où le paysan est esclave, et où le travail est presque sans valeur, est un effet du rapide accroissement de la richesse en Russie ; effet qui devient cause à son tour.

(9) Ceci ne doit pas se prendre absolument à la rigueur ; on peut remarquer chez les nations qui s'enri-

n'auroit aucun commerce extérieur, ne pouvant exporter le surplus de sa production, seroit obligée de le consommer tout entier :

---

chissent, un ralentissement dans la consommation ; elles négocient en même tems sur le produit de quatre ou cinq années consécutives, sans que la production soit découragée, tandis qu'une nation pauvre ne négocie que sur le produit de la dernière année. La nation riche aura en même tems des moutons couverts de la laine de l'année, des magasins chez les fermiers et les marchands remplis de la laine de l'année précédente, des fabriques où l'on met en œuvre celle de deux ans, des magasins de drapiers en gros, dont les étoffes sont faites avec de la laine de trois ans, des drapiers en détail, des tailleurs, des expéditeurs, dont les étoffes sont encore plus anciennes au moins d'une année : Chez la nation pauvre au contraire, aucun des intermédiaires entre le producteur de la matière première et le consommateur n'ayant assez de fonds pour attendre patiemment le bon moment de vendre, chacun d'eux précipite toutes ses opérations, de sorte que la laine qui pendant l'été couvroit les brebis, habille quelquefois le consommateur dès l'hiver suivant. Il en est de même des autres matières premières, leur existence est prolongée, il se passe plus de tems entre leur production et leur consommation chez les nations riches que chez les nations pauvres.

mais

mais une nation qui a un commerce extérieur peut exporter tout cet excédent, et par
conséquent peut économiser de deux manières sur son revenu, et accroître de deux
manières son capital. La première qui est à
la portée de toutes les nations, et du monde
commerçant tout entier aussi bien que de
chacune de ses parties, c'est de destiner
chaque année une plus grande proportion
des produits du travail à fournir le salaire
nécessaire, et par conséquent à préparer de
plus grands revenus pour l'année suivante;
comme un fermier peut augmenter chaque
année ses semailles en proportion de l'augmentation de ses récoltes, ou même dans
une proportion supérieure encore à cette augmentation. La seconde manière d'économiser
sur ses revenus ne peut convenir qu'à une
nation qui a un commerce extérieur, et qui
trouve dans son voisinage d'autres nations
moins économes et moins sages qui ont besoin d'elle; c'est de leur vendre, ou pour
mieux dire de leur prêter l'excédent de sa
production; comme le fermier auquel nous
l'avons comparée, s'il est à portée d'un mar-

Tome I.   H

ché, vendra tout l'excédent de son blé qu'il ne voudra pas semer; tandis que s'il ne veut pas le vendre, il accroîtra sa famille et son train d'agriculture, en sorte que l'augmentation de sa consommation se proportionne toujours à l'augmentation de ses récoltes.

La consommation encourage certainement la production, et comme le marché le plus important pour les ouvriers productifs est celui de leur propre pays, on ne peut disconvenir qu'une nation qui ne consommeroit que très-peu de chose, ne pût se trouver embarrassée pour placer au dehors ses productions, si elles étoient considérables. Une grande disproportion ne peut probablement se soutenir long-tems entre les productions et la consommation d'un peuple, que lorsque son territoire est fort resserré; c'étoit le cas de Genève et des villes anséatiques et impériales; c'est à leur heureux esprit d'économie, que les unes et les autres ont dû le rapide accroissement de leurs richesses : mais si l'on ne peut guère se flatter de voir un grand peuple profiter des mêmes avantages, du moins ne faut-il pas l'exciter à

se jeter dans l'excès opposé, et lui représenter le luxe comme devant être pour lui
une source d'opulence.

Une nation ne s'enrichit que lorsque les
particuliers qui la composent s'enrichissent,
et qu'ils accroissent leur capital des économies qu'ils font sur leur revenu : aussi long-
tems qu'ils font de semblables épargnes
annuelles, quelles que soient leurs dépenses,
on ne peut guère les considérer comme
étant de luxe, ce n'est que l'honnête aisance
que comporte leur état ; mais si cet esprit
d'ordre fait place à l'amour du plaisir ou de
l'ostentation, et qu'à prendre la masse des
citoyens, l'un compensant l'autre, il ne se
fasse plus d'épargnes annuelles, la nation
s'est abandonnée à un luxe qui arrête ses
progrès vers la prospérité ; si cet amour
du plaisir entraîne à des dissipations, et si
les revenus nationaux ne suffisent plus aux
dépenses, la nation est en proie à un luxe
qui la ruine.

Parmi les moyens qu'une politique mo-
derne a mis en usage pour enrichir les
nations, celui d'encourager leur luxe n'est

pas un des moins bizarres : si un Gouvernement peut occasionner quelque grand
rassemblement d'hommes riches, et les
exciter à lutter les uns contre les autres
par le déployement du plus grand faste, il
croit avoir beaucoup opéré pour la prospérité des manufactures, et il s'entend ap-
plaudir de toutes parts, comme ayant fait
répandre beaucoup d'argent. Il n'est pas
douteux qu'il n'ait procuré aux marchands
une vente plus avantageuse qu'ils ne l'auroient eue sans cela : mais si les acheteurs
se sont mis par leur ostentation dans l'impossibilité de faire les épargnes qu'ils étoient
disposés à faire, s'ils ont même dépassé leur
revenu, et emprunté sur leur capital, ils
ont fait à eux-mêmes et à la nation un mal
bien plus considérable que le léger avantage
qu'ils ont procuré aux marchands : La consommation des marchandises qu'on a tirées
de leurs magasins, s'est faite il est vrai
d'une manière un peu plus prompte que
dans le cours ordinaire des choses, mais
au lieu d'être profitable, elle s'est faite
d'une manière ruineuse. C'est comme si le

Gouvernement faisoit mettre le feu aux greniers des marchands de blé, et leur payoit ensuite généreusement tout le grain qu'ils contenoient : ces marchands pour-roient se trouver fort bien d'une pareille vente, mais la nation y perdroit certaine-ment ; au lieu de deux valeurs, savoir le blé, et son prix, elle n'en auroit plus qu'une ; et le blé au lieu d'être consommé d'une manière profitable, l'auroit été d'une manière ruineuse.

Si le luxe de quelque nature qu'il soit est toujours pour une nation une cause de ruine ; il devient plus contraire encore à ses intérêts lorsqu'il consiste à maintenir des ouvriers improductifs ; car comme nous l'avons vu, tout ce qui passe des mains des classes propriétaires à la classe improduc-tive est perdu sans retour : c'est une alié-nation définitive de la propriété nationale : or plus les classes propriétaires maintien-dront d'ouvriers improductifs, moins elles pourront en maintenir de ceux qui produi-sent ; plus on verra se multiplier chez un peuple les ménétriers, les comédiens, les

H 3

coiffeurs et les valets-de-chambre, plus on
verra diminuer chez lui les artisans, les
fabricans et les laboureurs. De tous les
luxes le plus préjudiciable est donc celui
qui faisant consister le faste et les plaisirs
dans des jouissances fugitives, plutôt que
dans le produit du travail d'ouvriers industrieux, n'ouvre point un marché où ces
derniers puissent vendre leurs ouvrages, et
n'encourage point leurs efforts.

CHAPITRE V.

Du numéraire.

Nous avons vu quelles étoient les sources de la richesse nationale, quelles étoient celles du revenu national, et nous n'avons point encore eu occasion de parler du numéraire ; c'est qu'en effet celui-ci s'il fait partie de la richesse nationale, en est une portion stérile, qui ne donne par elle-même aucun revenu à la société.

Nous avons exposé plus haut comment la force productive du travail s'étoit accrue par la multiplication des échanges entre les ouvriers ; c'est à ces échanges qu'est dûe l'accumulation de la richesse nationale ; il étoit donc de la plus haute importance de les faciliter pour les multiplier. Ce fut une heureuse idée que celle de reconnoître

H 4

comme signe une marchandise divisible à l'infini, sans qu'en la divisant on altérât sa valeur, qui, ayant demandé pour sa production
un grand travail proportionnellement à son
volume, en représentât un plus grand sous
ce volume, et fût d'un transport plus facile
que presque toute autre marchandise d'égale
valeur; qui enfin fût, ou du moins pût
être constamment de la même qualité.
Tous ces avantages se trouvoient réunis
dans les métaux précieux, dans l'argent,
et plus encore dans l'or; pour les nations
pauvres ils se trouvent aussi dans le cuivre.
Le propriétaire d'une marchandise à consommer qui lui étoit superflue, sentit bientôt qu'il lui convenoit de l'échanger contre une autre marchandise également superflue pour lui, un métal dont il n'entendoit
faire aucun usage, mais qu'il étoit sûr de
voir accepter également par tout le monde,
tandis que la marchandise qu'il possédoit
actuellement ne pouvoit convenir qu'à son
consommateur.

L'argent est un luxe dans le commerce,
puisque ne se consommant point, on ne

l'achete pas pour en faire usage soi-même, et que sans la convention universelle qui le fait regarder comme signe du travail et de ses produits, il seroit presque inutile. Cependant l'argent coûte à produire autant qu'il vaut dans le commerce. On conçoit qu'on auroit pu adopter un signe qui ne coûtât rien à produire, et l'on entrevoit la possibilité d'obtenir de lui les mêmes effets : L'exemple de la banque d'Amsterdam, qui tenant les comptes de tous les particuliers, leur évitoit la peine de payer et de recevoir; l'exemple de plusieurs pays qui ont substitué le papier-monnoie à l'argent, prouve qu'il existe des moyens de se passer des métaux précieux ; mais il faut pour les mettre en œuvre que la moralité du Gouvernement inspire la confiance la plus parfaite, et rassure sur la crainte de lui voir multiplier le signe pour s'approprier la réalité. Or comme cette moralité du Gouvernement, lorsqu'elle existe, n'est point une chose inaltérable, il a été plus sage pour toutes les nations de convertir une partie de leur richesse mobiliaire en argent, afin de faciliter leurs échanges , parce que dès lors le signe du commerce a eu une valeur intrin-sèque , et n'a plus dépendu des événemens.

L'argent a donc deux valeurs dans le commerce , l'une intrinsèque , déterminée par l'évaluation du travail qui l'a produit, et composée comme celle de toutes les marchandises , de rente , profit , et salaire; l'autre relative ou échangeable , qui est dé-terminée par le besoin qu'on en a. Dans le livre second , nous verrons qu'il en est de même de toutes les marchandises ; exami-nons à présent les bases de la fixation de ces deux valeurs de l'argent.

La valeur intrinsèque de l'argent comme celle de tous les métaux se compose 1.º de la rente de la terre qui a été sacrifiée pour l'ouverture de la mine ; 2.º de celle de tous les capitaux fixes qui ont été aliénés irrévo-cablement , soit à la mine même , pour l'ouverture des galeries , et pour tous les travaux préparatoires à l'extraction du mi-nérai , soit dans toutes les usines appro-priées à son triage , à sa fonte , à sa puri-fication , soit dans tous les outils destinés

à ces divers ouvrages, soit enfin dans l'instruction des ouvriers rendus propres à les
faire ; 3.° de la valeur de tout le capital
circulant qui a payé le salaire à tous les
ouvriers employés au travail des mines, augmentée du profit ordinaire qui à la même
époque peut être fait par les capitalistes
dans toute autre entreprise. Ces bases d'après
lesquelles doit se fixer la valeur intrinsèque
de l'argent, sont précisément les mêmes
d'après lesquelles doit se fixer la valeur
intrinsèque de toute marchandise à l'usage
de l'homme ; or si la valeur intrinsèque de
l'argent est plus forte que sa valeur relative, si l'on n'obtient pas en échange contre
lui autant de richesse mobiliaire qu'il en a
coûté à produire, c'est une mauvaise spécu-
lation que celle de l'extraire de la terre,
et l'entrepreneur d'une mine pauvre qui
coûte plus à exploiter qu'elle ne rend, se
trouve dans le cas du chef d'une manufacture, qui se verroit obligé de donner sa
marchandise au-dessous du prix qu'elle lui
coûteroit à lui-même. Le dernier peut y
être forcé par deux causes, la concurrence

d'autres manufacturiers qui travailleroient meilleur marché que lui., et le manque d'acheteurs. Ces deux causes agissent également sur l'entrepreneur de la mine ; la concurrence de toute mine plus riche que la sienne , ou d'une exploitation plus facile, lui fait nécessairement la loi, fut-elle au bout de l'univers ; en raison de la facilité du transport de marchandises si précieuses comparativement à leur volume. Aussi les mines du Nouveau Mexique sont-elles celles qui réglent partout le prix de l'argent., et l'exploitation des autres ne peut-elle se soutenir, que parce qu'on regarde comme perdus les premiers capitaux fixes employés à leur ouverture, et qu'on n'en retire plus.de rente. Le manque d'acheteurs se fait également sentir aux producteurs de métaux précieux , mais c'est d'une autre manière qu'aux fabricans. L'acheteur des métaux précieux , c'est la société humaine, composée de tous les peuples qui les ont admis pour signe de commerce ; elle a besoin pour sa circulation , non pas d'un certain poids ou d'un certain volume de métaux précieux,

mais seulement qu'une certaine partie aliquote de sa richesse mobiliaire, que nous
nous occuperons bientôt de déterminer, soit
convertie en ces métaux, pour représenter
tout le reste. Or la masse des métaux précieux circulans, est égale en valeur à cette
aliquote inconnue ; si l'on double cette masse,
elle sera toujours égale à la même aliquote,
si on la diminue de moitié, elle lui sera encore
égale ; parce que s'il y a seulement cent mille
livres d'or dans l'univers, ces cent mille
livres pourront tout aussi bien représenter
toute sa richesse, que cent millions de livres.
L'acheteur des métaux précieux, la société
humaine, donne toujours le même prix pour
la masse totale produite, qu'elle soit grande
ou petite ; et le prix en numéraire de toutes
les marchandises paroît baisser ou s'élever,
selon que la production de l'or et de l'argent
excède ou reste au-dessous de la consommation qu'en font les arts, tandis que dans le
fait, c'est le prix de l'or et de l'argent qui
s'abaisse ou s'élève, le prix des marchandises restant toujours le même.

La partie de la richesse mobiliaire qui est

convertie en numéraire cesse de contribuer directement à l'accroissement du capital national, elle est en quelque sorte immuable, et les échanges ne l'altèrent ni ne la bonifient point, à la différence des choses qui se consomment, et qui s'échangent toujours contre une valeur supérieure, lorsqu'elles circulent du capitaliste à l'ouvrier productif; d'où il s'ensuit qu'il seroit fâcheux qu'une partie trop considérable de la richesse mobiliaire, par sa conversion en numéraire, cessât d'être productive.

L'on a appelé *ventes* les échanges qui se font d'une valeur quelconque contre du numéraire, et *trocs* les échanges d'une valeur contre une autre valeur non numérique. Une vente n'est que la moitié d'un troc qui s'achève toujours ensuite par une autre vente que le bailleur d'argent appelle un achat; car celui qui se défait d'une chose dont il peut se passer, ne la vend pas pour employer à son usage l'argent lui-même, dont il ne pourroit tirer d'autre parti que celui de s'en défaire, mais pour employer à son usage ce qu'il achètera avec cet argent. Il conclud donc toujours un troc, composé au moins, de deux marchés, une ou plusieurs ventes d'abord, un ou plusieurs achats ensuite. Cette facilité à diviser un troc en deux parties, de telle sorte qu'on n'ait point besoin pour obtenir d'un homme ce qu'on désire de lui, d'avoir à lui offrir une chose qui soit appropriée à son usage, est cause que les achats et les ventes ont exclu presque absolument les trocs du commerce, et que presque toutes les stipulations qui ont lieu entre les hommes, ne sont plus autre chose que l'échange d'une valeur quelconque contre de l'argent.

Dans tout échange les deux valeurs que l'on donne l'une contre l'autre sont supposées égales, du moins selon le cours du marché ; le vendeur contre une somme de mille écus, cède une marchandise estimée mille écus. Or comme tous les échanges ou à peu près se trouvent réduits à des achats ou à des ventes, chaque transport de marchandise, suppose un transport d'argent égal en valeur en sens contraire : le mouvement du capital mobilier du vendeur au payeur, est égal à celui du capital numérique du payeur au vendeur. Chaque troc s'étant divisé en deux ventes, de même qu'il contient deux transports de marchandises, occasionne aussi nécessairement deux transports d'argent pour les payer ; et si nous considérons sous un seul point de vûe toutes les ventes faites dans un pays pendant un espace de tems donné, un an, par exemple, nous ne pourrons douter que les vendeurs considérés en corps, n'aient reçu pendant cette année, autant de fois cent écus en numéraire, que les acheteurs auront de fois reçu pendant la même année la valeur de cent écus en marchandises, laissant de côté pour le moment les ventes à crédit, qui en effet ne sont point des ventes, mais des prêts. Il ne semble donc pas que l'on puisse révoquer en doute la vérité de ce principe, c'est que dans toute nation, le mouvement du numéraire, est égal au mouvement de la propriété vendue comptant. Si cette nation a un papier-monnoie avec lequel elle fasse communément les achats et les ventes, il est pour elle une espèce de numéraire ; et le mouvement

ment de ses monnoies, tant métalliques, que de papier, sera de même égal au mouvement de sa propriété vendue comptant; il y aura autant de bailleurs de numéraire ou papier, que de bailleurs de marchandises, et pour les mêmes sommes.

Le Cit. Canard suppose (§. 64), « que la » masse totale de la richesse du monde commerçant, a une valeur égale à celle de la » somme totale du papier de crédit et de » l'argent qui circule. » Il part bien du même principe, c'est que tout transfer de propriété se faisant au moyen de l'argent ou du papier de crédit, il est nécessaire que le mouvement de la propriété soit égal à celui du numéraire; mais c'est à cette assertion que l'auteur auroit dû s'arrêter, car il étoit facile de sentir, que ce *mouvement* c'est le *momentum* des physiciens, qui se compose de la vitesse, et de la masse : Les *momentums* sont égaux, si la vitesse est décuple, et la masse dix fois moindre d'une part que de l'autre; si l'argent circule plus rapidement que la marchandise, il est bien clair que le nombre d'échanges étant le même de part

Tome I.   J

et d'autre, il faudra nécessairement moins
d'argent que de marchandises pour les faire.
Or non-seulement il n'y a pas égalité de
vitesse entre ces deux mouvemens, il y a
une disparité prodigieuse. Le capital en nature que le fermier emploie pour produire
le blé, le vin, et presque toutes les denrées,
ne fait qu'une seule circulation dans l'année;
d'après le système que nous relevons il faudroit en conclure que l'argent que le consommateur destine à les acheter, ne feroit
non plus qu'une seule circulation dans le
même tems. Cependant il est certain que
les onze douzièmes des consommateurs
reçoivent le soir l'argent avec lequel ils acheteront leur pain du lendemain. Il n'est presque aucune manufacture où le fabricant
obtienne la rentrée de son argent avant trois
mois depuis le jour où il l'a mis en œuvre;
mais de tous ses consommateurs, il n'en est
presque aucun qui ait gardé trois mois en
caisse l'argent avec lequel il achetera ses
produits.

L'on perd, chacun le sait, en gardant son
argent en caisse, et c'est une perte que le

propriétaire peut toujours éviter : il y a bien aussi une perte à laisser chômer sa marchandise en magasin, ou à la laisser long-tems sur l'atelier, mais cette perte est inévitable, elle est dans la nature des choses, et c'est pour la compenser que le capitaliste a droit d'exiger un profit proportionné sur les marchandises et les fonds qu'il lui est nécessaire de laisser chômer ainsi. Lorsqu'un commerce de marchandises roule sur un fond de cent mille écus, il suffit au commerçant d'en avoir habituellement un millier en caisse, tandis que les 99,000 restans sont dans son magasin : cependant il fait certainement autant d'échanges en numéraire qu'en marchandises, il n'en fait pas un où il ne soit ou payeur ou receveur, mais sa marchandise se renouvelle à peine une fois par année, tandis que les mêmes écus restent rarement cinq jours de suite dans sa caisse. Il semble que dans un commerce de banque où l'argent paroît être la seule marchandise, la proportion de numéraire chômant devroit être beaucoup plus forte ; cependant une maison qui fait pour

un million d'affaires par an, n'a pas habituellement, un jour compensant l'autre, plus
de dix mille francs en caisse. Un centième
de numéraire lui suffit donc pour la circulation des capitaux, tout comme il suffit
à la précédente pour celle des marchandises.

Dans le fait l'argent ne chôme guère
qu'entre les mains des riches consommateurs
(1): parmi les propriétaires de terre et les

---

(1) L'argent et l'or chôment aussi entre les mains
de certains thésauriseurs qui ont la manie d'enfouir
leurs épargnes, ou qui y sont forcés par les défauts
du Gouvernement sous lequel ils vivent : ce numéraire peut être considéré comme n'existant plus pour
la société : dès l'instant qu'il ne sert plus aux échanges, il n'y a plus un rapport nécessaire entre sa valeur
et celle des marchandises qui passent de mains en
mains, aussi est-il retranché dès lors de la valeur de
l'aliquote inconnue de la richesse mobiliaire qui est
égale à la masse des métaux en circulation. Quelle
que soit la quantité d'or et d'argent enfouie dans un
pays, la valeur des métaux qui restent dans le commerce n'en est point altérée, et ils ne s'échangent
point contre une moindre quantité de marchandises.

Celui qui enfouit des métaux fait un sacrifice égal
à tout l'intérêt qu'il auroit pu retirer en les prêtant;

capitalistes il y en a plusieurs qui ont
adopté la règle d'avoir toujours devant
eux leur revenu de six mois ou d'une année :
mais la somme qui s'arrête entre leurs
mains est si peu de chose en comparaison
de la multiplicité des échanges , qu'à peine
peut-on la mettre en ligne de compte ,
tandis que comme je l'ai déjà dit , les onze
douzièmes des habitans de la France ne
conservent jamais deux jours de suite leur
argent. Les ouvriers ne sont à la vérité
payés pour l'ordinaire qu'à la fin de la
semaine, mais au moment même ils achètent leurs denrées , ou acquittent leurs
petites dettes ; c'est toujours sous la forme

---

défiance continuelle du Gouvernement peut l'engager
à faire ce sacrifice, qui est en pure perte pour la société
comme pour lui ; mais toute la somme du numéraire
qu'il ne se propose pas d'enfouir, il sent qu'il est de
son intérêt de ne pas la laisser oisive , en sorte qu'a-
près avoir retiré de la circulation une partie des monnoies de l'Etat, il s'efforce tout comme un autre de
donner une plus grande activité à la partie de ces
monnoies qui passe par ses mains et qu'il n'accumule
pas.

de marchandises , jamais sous celle de numéraire qu'ils laissent chômer leurs petits
capitaux.

Enfin selon le système de M.ʳ Canard de
deux circulations en sens inverse , où toute
richesse suppose une somme de numéraire
égale pour la payer , il faudroit conclure, ou
que toute vente d'immeubles dérangeroit cet
équilibre , ou que puisqu'un immeuble peut
rester dans la même famille pendant plusieurs
siècles , une somme égale à la valeur de tous
les immeubles de la nation dormiroit dans
différentes caisses , jusqu'au moment où une
fois par siècle peut-être , ces immeubles
changeroient de propriétaires.

Je me suis attaché à combattre cette
hypothèse , parce que l'auteur s'est arrêté
sur elle avec complaisance , et l'a présentée
d'une manière qui doit faire impression ,
en l'appuyant d'une comparaison ingénieuse
mais inexacte avec la circulation du sang ;
parce qu'elle s'accorde avec l'opinion populaire , que personne cependant avant lui
n'avoit présentée avec autant de clarté et
de méthode ; parce qu'enfin elle revient à

peu près au système que le D.ʳ Herrenschwand
a adopté, dans son *Economie politique de
l'espèce humaine.*

Nous avons vu au commencement de ce
chapitre comment et à quel prix le numéraire
étoit produit pour les nations qui possèdent des mines, il faut examiner à présent comment celles qui sont privées de
mines peuvent se procurer les métaux précieux. Il faut se rappeler d'abord qu'aucune
nation commerçante n'est absolument dépour-
vue de numéraire, seulement quelque circonstance extraordinaire peut en avoir fait
exporter une grande partie de chez quelqu'une,
et le besoin d'argent peut s'y faire généralement sentir; il sera donc fort cher chez
cette nation, relativement au prix du travail et des marchandises, ce que l'on ex-
primera en disant que le travail et les
marchandises y baissent fort de prix; on
ne pourra dès lors y importer aucune marchandise étrangère sans perte, il y aura du
profit à faire sur toutes celles qu'on exportera;
la nation n'aura donc avec les étrangers
d'autre commerce que celui de leur vendre

I 4

contre argent ; et le numéraire de toutes les
autres nations y affluera, jusqu'à ce qu'il y
soit aussi bon marché, et le travail ou ses
produits aussi chers que chez elles.

Les nations de l'Orient, les Chinois et
les Indiens, éprouvent un besoin continuel
de numéraire, à cause de la manie qu'ont
les habitans de ces contrées d'enfouir leurs
trésors ; aussi l'argent y est-il toujours cher,
et le seul commerce que ces nations puissent faire avec les Européens, est-il celui
d'exporter leurs marchandises, et d'importer de l'argent, elles achètent de nous partie
du produit des mines d'Amérique, avec
celui de leur industrie.

Lorsqu'une nation augmente la masse de
son numéraire par un papier de crédit, qui
comme lui est reçu en payement des ventes,
soit d'après la loi, soit en vertu de la confiance universelle, ce numéraire fictif circule
en sens contraire de la marchandise ; sa
valeur jointe à celle des métaux, multipliée
par la rapidité de sa circulation, est égale
à la valeur des marchandises qui se vendent, multipliée de même par le nombre des

échanges ; mais cette valeur est précisément celle qu'avoit le numéraire tout seul. La création du papier-monnoie fait donc baisser la valeur de l'argent comparativement à celle des marchandises, et dès ce moment l'argent doit être exporté. La création des banques, en Angleterre et ailleurs, a immédiatement diminué la masse du numéraire en circulation.

En France la création des assignats fit en effet baisser la valeur des espèces métalliques ; les assignats perdoient moins dans l'intérieur qu'à l'étranger, et la différence étoit en général de 7 à 8 p. $\frac{0}{0}$. Lorsqu'ils perdoiént 5o à Genève, ils ne perdoient que 43 à Lyon ; 100 francs en espèces à Lyon, valoient donc moins que la même somme à Genève, car elle n'étoit égale qu'à la quantité de marchandises qu'on auroit pu y obtenir pour 175 francs en papier, tandis qu'en l'envoyant à Genève on obtenoit en retour 200 francs en papier, et l'on pouvoit avoir pour 200 francs des mêmes marchandises vendues au même prix. Cette différence qui fut quelquefois encore plus

forte , suffisant pour payer la contrebande ,
tout l'argent qui restoit dans la circulation
fut exporté. Mais d'autre part le brigandage
universel , et la tyrannie du Gouvernement,
ayant redoublé la défiance des détenteurs
de numéraire qui pouvoient l'accumuler ,
on en enfouit une plus grande quantité
qu'on n'eût jamais fait précédemment , quoiqu'il y ait lieu de croire que de tout tems,
une très grande masse de numéraire ait été
de cette manière soustraite en France à
la circulation.

Lorsqu'ensuite la chute des assignats força
d'employer de nouveau de l'argent pour la
circulation , loin qu'il y eût toujours quelque avantage à l'exporter , le commerce prit
la direction contraire , et spécula sur la ré-
importation des métaux précieux ; on les
acheta, comme on les achète toujours, avec
des marchandises , et en échange des produits du travail ; tout à cette époque devint
pour les François un objet avantageux d'exportation , parce que tout se trouva à meilleur marché en France que chez l'étranger ;
cependant il ne fallut que bien peu de tems

au commerce pour rétablir l'équilibre : L'on dit alors que la confiance avoit fait ressortir le numéraire, on auroit pu dire avec plus d'exactitude, que la nécessité l'avoit fait racheter; car à cette époque la confiance dans le Gouvernement commençoit à peine à renaître.

Lorsque le prix du numéraire chez une nation est en équilibre avec son prix chez toutes les autres, et qu'elle en possède la quantité nécessaire pour suffire à sa circulation, le commerce n'a aucun intérêt ni à l'accroître ni à la diminuer; il ne pourroit faire l'un ou l'autre sans perte. Cependant les mines d'Amérique et d'ailleurs, produisent annuellement une accession au numéraire total versé en Europe, que M.ʳ Necker estime d'après les enregistremens à cent vingt-trois millions tournois. (Admin. des fin. de Fr. T. III. Ch. IX). Il s'agit de savoir ce que devient cette somme, comment elle se répartit, et quel effet elle doit produire sur le commerce.

Il faut premièrement observer qu'à la réserve de l'or et de l'argent qui restent dans

les colonies Espagnoles et Portugaises de
l'Amérique , et de la portion peu considérable de ces métaux qui passe soit aux
Philippines et delà dans l'Inde , soit aux
colonies des autres nations en Amérique ,
enfin à l'exception des produits des mines
de l'Europe , ces cent vingt-trois millions
doivent suffire à la consommation de l'univers entier ; car il n'y a pas d'autre mine
importante exploitée dans aucune autre partie du monde , et tous les riches et puissans
Etats de l'Asie doivent tirer leur numéraire
de l'Europe , et indirectement de l'Amérique. On dit à la vérité que le Japon possède des mines d'or et d'argent , mais cet
Empire n'a presque aucun commerce extérieur , et n'exporte point de métaux précieux ;
en supposant une production annuelle de la
valeur de cent cinquante millions tournois ,
nous aurons donc le produit brut de toutes
les mines de métaux précieux de l'univers
connu (2).

_____

(2) Mr. Garnier (note xv.) se fondant sur des
autorités qui paroissent plausibles , évalue la produc-

Les manufactures de luxe du monde commerçant s'approprient une partie de ces métaux : Ceux qui sont employés à la dorure disparoissent absolument, et sont comme anéantis : Ceux qu'emploient les faiseurs de galons, les orfèvres, les bijoutiers, les hor-

tion des mines du nouveau monde à une somme plus forte. Il estime le produit de celles de l'Amérique Espagnole à   159,000,000

de celles du Bresil à   50,000,000

de celles d'argent exploitées en Europe, à 14,679.600

de celles d'or de Russie et Hongrie, à   6,135,480

TOTAL. L. 229,815,080

Comme l'évaluation de la partie du produit des mines qui est introduite en contrebande, est absolument arbitraire, il ne faut pas s'étonner si les divers calculateurs ne s'accordent pas.

Les calculs présentés par Mr. Peuchet. (Dict. de la Géog. Comm. Vol. I. p. 288.) se rapprochent davantage de ceux de Mr. Necker, et paroissent même indiquer une production annuelle moindre que celle qu'il a admise. Les mines de l'Amérique Espagnole auroient fourni selon lui 17 à 18 millions de piastres par année, ou environ 90 millions de nos livres.

logers, quoiqu'ils subsistent toujours, ne
reviennent probablement jamais à la forme
de numéraire. Tous ces métiers cependant
en consomment une quantité assez considérable; l'on a lieu de croire que l'or et l'argent
employé annuellement au service de l'horlogerie dans la seule ville de Genève, s'élève
au moins à la somme de 1,725,000 francs,
savoir 1,050,000 pour les montres en or,
et 675,000 pour celles en argent (3).

Le numéraire en circulation s'use en passant de main en main, et diminue de poids,
comme on s'en apperçoit en le reportant à
la monnoie : il s'en perd fréquemment quelque partie, soit dans les eaux, soit par
quelqu'autre accident, il faut donc pour conserver au numéraire la même valeur, battre
chaque année de nouvelles espèces.

Quand on considère le monde entier, on ne
peut douter qu'il ne s'enfouisse chaque année
pour une somme très considérable d'espèces,
par des propriétaires qui laissent périr leur se-

_____

(3) Rapport du Conseil de Comm. arts et agricult.
du Département du Léman, du 8 Brumaire an X.

eret avec eux. Cette manie n'est pas connue
dans les pays libres; personne n'en étoit atteint,
ni en Suisse, ni en Angleterre; Adam Smith
observe quant au dernier pays que tous les
trésors qu'on y trouve suffiroient à peine
pour donner un revenu à un particulier, tandis que c'étoit il y a quelques siècles une
branche importante du revenu national. En
France des impôts oppressifs, comme la
taille personnelle, avoient inspiré la crainte
de paroître riche, et tout l'argent que pouvoient accumuler les fermiers et les petits
propriétaires, étoit enfoui. M.ʳ Necker re-
marque (Adm. des Fin. T. III. Ch. xxi.) que
l'extrême rareté des espèces d'or en France
ne pouvoit être expliquée que par cette manie de thésauriser, puisque d'après les calculs
de fabrication, il en devoit exister pour plus
de huit cents millions dans le Royaume,
c'est-à-dire, deux fois plus que dans la Grande-
Bretagne, où l'on ne voit presque que des
espèces d'or.

Cette habitude de thésauriser a été en augmentant pendant l'anarchie révolutionnaire;
il paroît qu'elle diminue aujourd'hui, à en

juger par la quantité d'espèces hors de cours
que l'on présente actuellement sur le marché des matières fines. Les longues et fréquentes guerres de l'Allemagne y ont fait
de tout tems dominer le même esprit; il est
universel en Italie, comme on en peut juger
d'après l'extrême crédulité avec laquelle le
public adopte tous les récits de trésors dé-
couverts. D'ailleurs, comme dans ce pays-
là, et dans plusieurs autres Etats catholi-
ques, un grand nombre de gens riches se
font scrupule de prêter à intérêt, ils trouvent moins de désavantage que partout ailleurs à enfouir leurs trésors. Mais c'est
surtout dans les Etats despotiques de l'Asie,
en Turquie, en Perse, au Mogol, dans l'Inde
et à la Chine, comme aussi chez les Peuples
pasteurs de la Tartarie et de l'Arabie, que
chaque homme riche fait consister sa principale ressource, dans un trésor enlevé à la
circulation, et que chaque pauvre confie à
la terre tous ceux des fruits de ses sueurs
qu'il peut soustraire à l'avarice de ses maîtres.

Ces différentes manières dont les métaux
précieux sont consommés équivalent-elles à
la

la production annuelle de 150 millions, res-
tent-elles au-dessous, ou la surpassent-elles?
c'est ce qu'il n'est pas facile de décider. Adam
Smith a démontré par la comparaison des
prix du blé (Liv. I. Chap. xi. p. 3.ᵉ) que
durant les deux ou trois siècles qui ont pré-
cédé la découverte de l'Amérique, la production des métaux précieux n'étoit pas égale
à leur consommation; que dans le sèicle qui
la suivit, elle étoit fort supérieure; qu'enfin
dans le dix-septième, et jusqu'à la moitié du
dix-huitième, l'équilibre s'étoit rétabli ; il
n'est point sûr que la découverte de nouvelles mines dans le Brésil ne l'ait pas altéré
de nouveau.

Lors même que les métaux produits sur-
passeroient d'une certaine somme les métaux consommés, cette différence ne feroit
pas baisser leur prix, pourvu qu'elle ne fût
que proportionnelle à l'augmentation de la
richesse universelle. Comme tout le numéraire en circulation est égal en valeur à certaine partie aliquote de la richesse mobiliaire qui circule, l'augmentation de l'une
doit produire celle de l'autre. Or comme il

Tome I. K

y a quelques Etats dont la richesse se double en vingt ans, d'autres où elle se double à peine en un siècle, et d'autres enfin où elle ne subit aucun accroissement, le numéraire peut s'accroître dans ceux des deux premières classes selon les mêmes proportions, sans que pour cela chaque écu pris séparément en vaille moins, ou s'échange contre une moindre quantité, soit de travail, soit de subsistance, tandis qu'il ne le peut dans ceux de la troisième (4).

Mais si la somme des métaux produits surpassoit pour le monde entier celle des métaux consommés, jointe à celle des métaux rendus nécessaires pour leur conserver le même prix, à supposer que la richesse

_____

(4) Une preuve que ces diverses causes réunies occasionnent une consommation assez considérable de métaux précieux, c'est leur rareté actuelle en Europe, depuis que leur importation annuelle a été suspendue par la guerre. Les Gouvernemens d'Angleterre, de Russie, et d'Autriche, en établissant ou en multipliant leur papier-monnoie, ont chassé presque absolument les espèces métalliques de chez eux, sans que ces espèces refluant forcément dans les autres Etats y aient paru plus abondantes.

mobiliaire augmente , ce surplus de production auroit nécessairement l'effet de faire
baisser le prix de ces métaux ; car tout le
numéraire étant donné en échange contre
toute la richesse vendue , le *momentum* de
ces deux mouvemens est égal. La valeur multipliée par la vitesse d'une part, est égale à la
valeur multipliée par la vitesse de l'autre , et
comme aucun détenteur de numéraire ne peut
se soumettre sans perte à le conserver, ce n'est
point sa vitesse qui diminue , mais sa valeur ;
aussi l'on donne pour chaque échange un
plus grand poids ou un plus grand nombre
de pièces de monnoie, qu'on n'auroit donné
sans cette augmentation du numéraire total.

Lorsque le numéraire d'une seule nation
se trouve accru par des importations , le
même effet doit en résulter encore , son prix
à l'intérieur doit baisser, puisque l'équilibre
entre les deux *momentums* se trouveroit détruit sans cela ; mais cette baisse ne peut pas
être de longue durée , parce que le commerce est toujours prêt pour y remédier.
La baisse du numéraire est la même chose
que le renchérissement des marchandises que

K 2

l'on donne en échange contre lui ; aussitôt que celles-ci deviennent plus chères , le pays abondant en métaux n'exporte plus celles qu'il exportoit à ses voisins , et d'autre part , plus la différence est considérable , plus il importe de marchandises en échange de ses métaux précieux , qu'il n'auroit pas importées sans la baisse de ceux - ci. Il est donc absolument nécessaire qu'un pays , d'autant qu'il reçoit plus de métaux précieux au delà de sa consommation , se hâte d'autant plus de les renvoyer à ses voisins. Le commerce se charge de cette opération presque sans le savoir : encore que le Gouvernement s'y oppose, il ne peut l'empêcher, car dès que les métaux auront assez baissé de prix pour payer la contrebande, ceux que l'on ne pourra exporter publiquement devront sortir en fraude.

Les deux pays propriétaires de mines, l'Espagne et le Portugal , ont défendu la sortie du numéraire ; leur prohibition l'a rendue difficile et coûteuse , mais ne l'empêche pas. Ces pays sont comme un étang qu'un ruisseau traverse , en élevant l'écluse par-dessus laquelle le ruisseau doit ressortir, on élève l'eau sur toute la superficie de l'étang ; mais cela fait, on n'empêche pas qu'il n'en ressorte autant qu'il en entre. De même en Espagne, on auroit exporté le numéraire dès qu'il y auroit eu demi pour cent à gagner, s'il n'y avoit point eu de prohibition, tandis qu'on ne l'exporte que lorsque le profit surpasse deux ou trois pour cent qu'il faut pour payer la contrebande. La prohibition a donc l'effet de retenir le cinquantième ou tout au plus le trente-deuxième du numéraire de plus en Espagne qu'il n'y en auroit en la supprimant, et elle opère par conséquent de telle sorte que cent trois écus en Espagne ne valent pas plus que cent écus en France ; d'où il résulte que toutes les marchandises et tous les travaux s'y payent en numéraire plus cher de trois pour cent que partout ailleurs. Ce n'étoit pas la peine de couvrir ses frontières de contrebandiers, et de multiplier à l'infini les crimes et les châtimens, pour produire un effet si peu désirable ; car il résulte de cette disproportion une perte de trois pour cent sur toute

K 3

vente de numéraire que l'Espagne fait à l'étranger, ou sur tout achat de marchandises qu'elle fait de lui contre argent (5).

(5) Lorsque le numéraire surabondant qui s'arrête dans un pays n'est que proportionné à la baisse qu'a occasionné la prohibition de l'exporter, l'équilibre se trouve rétabli, quoique sur un faux principe; il n'y a pas plus d'avantage à vendre à un pays qui est dans cette situation qu'à acheter de lui, parce que le marchand ne peut tirer que deux partis du payement des marchandises qu'il lui vend, ou racheter des productions du pays, et alors il reperd sur leur prix l'élévation numérique qui avoit paru être un avantage pour lui lorsqu'il vendoit, ou exporter en fraude les espèces, et alors les fraix et le danger de la contrebande détruisent de même l'avantage qu'il croyoit avoir. Mais lorsqu'il y a une surabondance de numéraire telle qu'elle occasionne une baisse de son prix plus forte que les frais d'exportation, le marchand étranger trouve un avantage à vendre et à ne rien acheter en retour, pour faire sortir ses espèces, soit librement si l'exportation est permise, soit en payant l'assurance si elle est défendue. Aussi long-tems qu'il trouve du bénéfice sur les espèces à exporter, il ne peut lui convenir de faire des achats de marchandises. L'Etat qui a une surabondance de numéraire ne peut donc qu'acheter et jamais vendre, jusqu'à ce que l'équilibre soit rétabli.

Les métaux qui arrivent chaque année en
Espagne et en Portugal doivent se distribuer
sur tout le reste du globe par le canal des
Peuples qui ont le plus de rélations com-
merciales avec ces deux là. En effet, la
plus grande partie de l'or du Portugal passe
en Angleterre, et de l'argent d'Espagne passe
en France, et comme l'on a constamment
regardé dans ces dérniers pays l'entrée du
numéraire comme plus avantageuse que sa
sortie pour se répandre dans le reste du
monde, la première a été enregistrée et
publiée avec ostentation, la seconde s'est

L'Etat qui a fait baisser le numéraire par une prohibition s'est fait un tort d'un autre genre; nous
avons dit que 103 écus après la prohibition ne valent
pas plus que 100 écus n'auroient valu sans elle, il
a donc perdu 3 p. % sur toute la partie de sa richesse
qui est convertie en numéraire, et lorsqu'ensuite les
particuliers continuent à vendre en fraude l'excédant
de la production de ses mines, ils cédent aux étrangers pour 100 ce qui vaut 103. La prohibition est
donc un impôt levé sur le produit total des mines
exporté ou non, et perçu non au profit du fisc, mais à
celui du contrebandier.

K 4

presque toujours faite en secret. Cette première source d'erreurs a été grossie encore
de toutes celles qui ainsi que nous le verrons
bientôt sont attachées au calcul de la balance du commerce , et l'Angleterre ainsi
que la France ont cru recevoir beaucoup
plus de numéraire qu'elles n'en exportoient.
Cette supposition paroissoit justifiée par la
prodigieuse activité des Hôtels des monnoies
en France , lesquels d'après les calculs de
M.ʳ Necker, battoient annuellement de qua-
rante-cinq à cinquante millions d'espèces (6).

Cette excessive augmentation du numé-

---

(6) Cette somme est la moyenne sur la fabrication
de quinze années, depuis et y compris 1763 , jusques à
la fin de 1777. En prenant une moyenne sur un plus
long espace de tems , et depuis 1726 à la révolution,
l'on n'a pour l'année commune que 400,000 marcs d'argent , et 17500 marcs d'or , ce qui réduit la fabrication à 34 millions et demi environ par année. (Garnier, note XXXII.) La grande activité de la Monnoie
dans l'espace de tems indiqué par Mr. Necker tenoit
donc probablement à quelque cause accidentelle, et
peut-être à l'adoption de quelque faux système d'é-
conomie politique par les Ministres d'alors.

raire national, qui étonnoit et embarrassoit le plus éclairé comme le plus vertueux administrateur qu'ait eu la France (Adm. des Fin. T. III. ch. ix et x.) étoit bien de nature à dérouter tous les calculs. En effet, il paroissoit peu probable, que la partie du numéraire qui ne faisoit que traverser la France, et qui venoit d'Espagne pour être portée en Allemagne, en Italie, et dans le reste de l'Europe, dût être préalablement envoyée à la Monnoie pour être convertie en espèces de France. On voyoit que la France envoyoit aux Indes des piastres d'Espagne, et non des écus de six livres; or comme l'Etat faisoit un bénéfice d'un et un quart pour cent sur la fabrication, ce bénéfice étoit une perte pour les propriétaires de lingots et de piastres destinées pour l'étranger, et l'on a peine à comprendre pourquoi ils s'y soumettoient.

Mais il convient de remarquer que ceux qui commerçoient avec l'Espagne avoient besoin de réaliser leurs métaux précieux pour continuer leur commerce, et acheter les marchandises qu'ils devoient donner en échange contre de nouveaux métaux, or les piastres qu'on ne considéroit en France que comme une marchandise, n'y avoient pas cours pour une valeur égale à leur prix intrinsèque : Elles contiennent d'argent fin, selon les essais de Macé de Richebourg, (Ruelle oper. des changes p. 390.) pour 5 liv. 9 s. 7 d. mais elles se ressentoient même en France de la baisse de leur valeur en Espagne, en sorte qu'elles n'y valoient, et n'y valent encore que de 5 liv. 4 s. à 5 liv. 6 s. Il convenoit donc au propriétaire de piastres de les porter à la Monnoie, soit en nature, soit en lingots, pour les échanger contre les espèces du pays.

Les États du Nord pourvoyoient ensuite à leur fabrication avec des monnoies de France, à défaut de celles d'Espagne, qui leur seroient revenues de $1\frac{1}{4}$ meilleur marché, s'ils avoient pu les obtenir en droiture ; mais il est dans la nature même du commerce que les métaux précieux soient d'autant plus chers qu'ils sont plus éloignés du lieu de leur origine ; plus en Russie et en Turquie qu'en Allemagne, en Allemagne qu'en France, en France qu'en Espagne, et en Espagne qu'au Mexique (7).

---

(7) En réfléchissant sur la perte que devoit occasionner la transmutation des piastres en écus, on reste presque convaincu qu'elle n'étoit supportée que par l'Espagne, et qu'elle étoit à peu près inévitable. Les piastres n'avoient cours en France que pour deux ou trois pour cent de moins que leur valeur intrinsèque; c'étoit donc cette marchandise espagnole dont le marché étoit surchargé, et qui se vendoit toujours au-dessous de son prix. L'acheteur le plus libéral, c'étoit l'Hôtel des monnoies, qui, au lieu de faire perdre deux ou trois pour cent, ne faisoit perdre qu'un et un quart. Mais d'où vient que l'acheteur allemand, hollandois, italien, n'offroit pas plus encore que l'Hôtel des monnoies, puisque l'empreinte des écus ne valoit pas mieux pour lui que celle des piastres, et qu'il ne considéroit que le poids et la finesse? C'est probablement, parce que la différence totale entre les deux valeurs idéales, ne s'effaçoit que graduellement, et n'étoit absolument anéantie que quand les espèces étoient portées à une Monnoie étrangère. En effet, quoique les piastres eussent plus de valeur comparativement aux écus à Genève, à Francfort, à Bâle, et dans les autres villes rapprochées de la frontière, qu'en France, cependant à égalité de poids et de finesse, les écus y valoient plus que les piastres;

Les monnoies de France valoient cependant dans l'étranger quelque chose de moins qu'une quantité d'espèces du pays égale en poids et en titre , en sorte que toutes celles que la guerre , les subsides payés aux étrangers, ou l'intérêt des dettes nationales, faisoient exporter au delà des besoins du commerce , rentroient d'elles-mêmes en France, comme le pays où elles avoient le cours le plus élevé.

Pendant la durée de la guerre, l'importation des produits des mines du Mexique

---

parce que les premiers pouvoient être renvoyés en France comme ailleurs , et gardoient dans l'étranger , ainsi qu'un papier-monnoie , une partie de leur valeur de convention , tandis que les secondes n'en avoient aucune, mais éprouvoient au contraire une défaveur de convention si on les renvoyoit en France. Il n'existoit donc une différence totale d'un et un quart entre les poids comparés aux valeurs , que quand on transportoit ces diverses espèces de Perpignan à Vienne : or cette différence ne suffisoit qu'à peine à couvrir les frais de port , l'assurance, et l'avance d'argent, et il ne restoit point de bénéfice pour exciter les spéculations des marchands.

ayant été suspendue, la France n'a plus
été l'un des canaux aux travers desquels
le numéraire s'est répandu dans l'Univers;
dans cet état de choses, la prohibition d'exporter les espèces de France, n'a pas eu
des inconvéniens fort graves, vu qu'elle
étoit inutile, et que celles-ci étant aussi
chères en France que partout ailleurs,
quand on la retireroit, il ne s'en exporteroit
pas davantage ; elle n'a pas laissé cependant
que de gêner le commerce et d'être une
source de vexations pour les voyageurs. Mais
lorsque les vaisseaux de registre auront ap-
porté à Cadix les métaux accumulés dans
le Nouveau Monde, ils se verseront bientôt
en France, et si la prohibition est main-
tenue avec rigueur, ils y baisseront de prix
sans augmenter la richesse nationale, et
cette baisse, ou l'élévation correspondante
du prix des marchandises qu'on donnera en
échange, sera une source de désavantages
dans tout commerce avec l'étranger (8).

---

(8) La prohibition vient d'être retirée.

CHAPITRE VI.

Du capital immatériel ou des créances (1).

Lorsque j'ai avancé dans le chapitre précédent, que les espèces métalliques ne donnoient aucun revenu à leurs propriétaires,
et qu'elles formoient une partie absolument
stérile de la richesse nationale, il est probable que plusieurs lecteurs auront objecté,
que quoique les espèces d'or et d'argent

---

(1) J'ai cru devoir donner le nom de capital immatériel à cette partie de la richesse nationale que possèdent certains capitalistes dont toute la fortune est
dans un porte-feuille. Les espèces monnoyées avec
lesquelles ils transfèrent leur propriété en sont le signe,
les titres des créances qu'ils gardent par devers eux
en sont le gage, mais leur propriété elle-même est
immatérielle, ou plutôt ce n'est qu'un droit en participation sur des richesses plus solides dont d'autres sont
les détenteurs.

gardées dans un coffre-fort ne s'y accrussent, ni ne s'y multipliassent point, cependant, puisqu'elles donnoient un revenu lorsqu'on venoit à les prêter , on ne pouvoit leur appliquer l'épithète de stériles : Mais ils doivent remarquer que le propriétaire des espèces, c'est leur détenteur, pour lequel elles ne s'accroissent ni ne se multiplient jamais ; celui qui les a prêtées a échangé sa propriété contre celle d'une créance, ou d'une portion du capital immatériel ; or celui-ci dont nous allons nous occuper à présent, n'est pas stérile ; il donne bien une rente, mais ainsi que nous l'avons annoncé ailleurs, cette rente n'est qu'un droit en participation au revenu du capital matériel.

L'existence du capital immatériel a contribué probablement plus que toute chose à confondre les idées sur la nature des capitaux qui constituent la richesse mobiliaire. L'on a pu observer qu'il y avoit une classe de riches, désignés plus particulièrement par le nom de capitalistes, dont la richesse ne consistoit point en propriétés foncières, non plus qu'en meubles, en marchandises, ou en objets propres à la consommation : qu'elle étoit même absolument invisible et immatérielle, à moins qu'on ne voulût considérer comme la constituant, les titres au moyen desquels ils en jouissoient, ou les papiers contenus dans leur portefeuille.

Quand nous avons parlé de la richesse mobiliaire et circulante, nous avons déjà vu pour quel motif et sous quelles conditions ceux qui en étoient propriétaires, et qui ne vouloient pas prendre sur eux le soin de la faire circuler, la prêtoient à des gens plus actifs, qui leur en payoient les intérêts : c'est sous un autre point de vue que nous devons considérer de nouveau cette classe de capitalistes, afin de la diviser en deux ordres, dont les intérêts sont absolument distincts ; de réfuter les systèmes pernicieux qui sont nés de l'obscurité dont elle s'enveloppe ; d'expliquer la nature de la proportion qui s'établit nécessairement, d'une part entre le papier-monnoie et la quantité de numéraire requise pour la circulation, de l'autre entre les créances et la richesse matérielle d'une nation ; enfin de calculer l'effet qu'auroit qu'auroit sur la prospérité nationale, l'anéantissement d'une partie considérable du capital immatériel, occasionné par la banqueroute du Gouvernement.

On comprend facilement qu'on a pu considérer comme de même nature toute richesse renfermée dans un portefeuille, et qui paroissoit n'avoir de matériel que les papiers qui servent de titre pour la réclamer; il est cependant fort important de distinguer en deux classes ces papiers qui peuvent constituer la propriété d'un capitaliste. Les uns comme les assignats, les billets de la caisse d'escompte, ceux de la banque d'Angleterre, et en général tous ceux qu'on comprend sous le nom de papier-monnoie, sont ou payables à volonté en numéraire par celui qui les a émis, ou recevables en payement de tous les marchés au lieu d'argent, par tous ceux qui dépendent de l'Etat : comme ils ne portent point d'intérêt, chaque détenteur est empressé de s'en défaire, au moins tout autant qu'il le seroit d'employer du numéraire chômant dans son coffre-fort. Les autres, comme les créances portant hypo-

Tome I.   L

thèque ; les billets de dépôt, et les comptes
courans des négocians, même les lettres
de change, quoiqu'ils puissent être négo-
ciés volontairement de part et d'autre, ne
sont point transmissibles en payement ; aussi
sont-ils le plus souvent conservés par le
même propriétaire jusqu'à leur remboursement. Leur possession est toujours fruc-
tueuse, ils portent intérêt, ou ils donnent
droit à un dividende, et lors même que cet
intérêt ne paroît point exister, comme dans
les lettres de change, leur porteur en a
toujours acquis la propriété moyennant une
bonification proportionnée au délai auquel
il doit se soumettre, et qui est connue
sous le nom d'escompte. Ces deux classes
de titres ou de billets sont d'une nature
absolument distincte ; les premiers font partie de la valeur totale du numéraire dont
ils représentent une fraction, les seconds
représentent au contraire une fraction de la
valeur de la richesse mobiliaire dont ils font
partie. C'est principalement pour les avoir
confondus, que l'on a élevé plusieurs systèmes faux, contradictoires, ou dangereux,

sur la nature de cette richesse immatérielle qui déroutoit tous les spéculateurs.

Comme elle est transmise de mains en mains au moyen d'espèces métalliques, qu'elle est créée par la cession ou la vente de ces espèces que fait le prêteur à l'emprunteur, que ses fruits, les intérêts sont payés en numéraire, et que toutes les fois qu'on en parle, on la désigne toujours comme une somme de numéraire actuellement existante ; les premiers qui ont écrit sur l'économie politique, ont cru que les capitalistes étoient les propriétaires actuels du numéraire, même après qu'ils s'en étoient défaits : cette manière de considérer les créances, forme jusqu'à ce jour l'opinion populaire, et même celle de la plupart des négocians, qui peuvent difficilement séparer deux idées que tout tend à confondre, celle de l'argent, et celle du capital.

S'il n'y a d'autre capital immatériel que celui qui résulte d'une hypothèque sur l'argent, il est absolument nécessaire d'en conclure, que la somme de capital immatériel produisant un revenu dans une nation, est

L 2

égale à la somme d'argent en circulation
chez cette même nation ; or certainement
les créanciers de l'État sont tout aussi bien
que les créanciers des particuliers au nombre des propriétaires du capital immatériel.
Le numéraire de la Grande Bretagne est
estimé de dix-huit à vingt-cinq millions
sterlings, et sa dette qui s'élève aujourd'hui
à 538 millions sterlings, surpasse au moins
de vingt fois la valeur de son numéraire ;
elle est par conséquent supérieure à la valeur de tout celui qui circule dans toute
l'Europe, et comme les propriétaires de
créances sur les particuliers, soit avec hypothèque, soit par simple billet, forment une
masse probablement supérieure à celle des
créanciers de l'État, on ne peut douter que
les propriétaires anglois de capital immatériel, n'aient une créance fort supérieure à
la valeur de tout le numéraire en circulation dans l'univers entier. Qu'arriveroit-il
donc si tous les créanciers, non pas de l'Angleterre seulement, mais de l'Europe, mais
de tout l'Univers, demandoient en même
tems le remboursement de leurs créances

en numéraire? tout le métal caché dans les entrailles de la terre ne suffiroit pas pour les satisfaire. Ce capital cependant est une valeur réelle quoique invisible, puisque chacune de ses parties peut se convertir en argent à volonté, et que chacune prêtée à un fabricant, suffit pour mettre en activité sa manufacture ; mais il faut bien que cette valeur ne soit point métallique, et que son hypothèque soit autre que le numéraire.

Il me semble qu'il est satisfaisant de trouver une preuve évidente et soumise au calcul de la fausseté de ce système, qui quoique le plus naturel de tous, et celui que l'on est le plus disposé à embrasser avant d'y réfléchir, s'obscurcit plus on le médite, et semble échapper au raisonnement par les voiles dont il s'enveloppe. Cet argent que le capitaliste a livré étoit sa propriété, mais l'est-il encore parce que celui qui l'a reçu le lui doit? Si celui-ci l'aliène, comment peut-on le suivre? comment l'argent se trouve-t-il avoir deux maîtres, celui qui le possède et qui peut-être ne doit rien, et celui à qui il est dû? telles sont, et bien

L 3

d'autres encore, les questions qui se présentent, et auxquelles on ne sait que répondre.

Une seconde secte de faiseurs d'hypothè-
ses, frappée déjà sans doute de la disproportion entre l'argent dû et l'argent existant,
imagina que la valeur des créances étoit une
affaire d'opinion, que le crédit créoit des capitaux qui n'existoient pas, et qu'une nation
ne pouvoit en faire un meilleur usage que
celui de s'enrichir en papier.

Les premiers spéculateurs avoient fort
contribué à l'invention et au maintien du
système mercantile dont nous souffrons encore ; les seconds sont les inventeurs du papier-monnoie, auquel nous venons d'échapper,
après qu'il a eu dissipé presque toute notre
fortune ; car tel est le malheur de la France,
qu'elle emprunte toujours de chaque système
de finances ce qu'il a de plus ruineux. C'est
d'après les économistes qu'elle a écrasé les
campagnes de l'impôt foncier ; d'après les
mercantiles elle a entravé le commerce de
ses douanes, et appauvri le consommateur ;
d'après les disciples de Law, elle a dissipé
à deux reprises la fortune publique, avec

celle des capitalistes, par la création des billets de banque, puis des assignats ; le ciel nous préserve des prosélytes de M^{rs}. Canard d'une part, et Ramel de l'autre, ou nous courons risque de lui voir bientôt rétablir la gabelle du sel, et porter un coup funeste à notre industrie, en faisant renchérir par là les salaires.

C'est toujours dans le même système d'un crédit créateur, que l'on a vu des gens assurer que la dette publique enrichissoit un État, puisque d'une part celui qui recevoit un salaire du Gouvernement, vivoit de l'argent emprunté, et que de l'autre celui qui l'avoit prêté, étoit aussi riche qu'auparavant ; qu'on a vu des compagnies de particuliers, la compagnie d'*Ayr-Bank* d'Edimbourg par exemple, entreprendre de prêter des billets de banque à tous ceux qui voudroient faire des entreprises de commerce, de manufactures, et même d'agriculture. Le mauvais succès de toutes les applications de ce système, démontre assez sa fausseté, et fait bien voir qu'il y a dans les créances et dans le capital immatériel quelque chose de

L 4

positif et de réel, à quoi l'imagination ne peut suppléer.

M.ʳ Canard paroît avoir adopté une nouvelle théorie différente des deux précédentes : je penche à croire qu'il a confondu comme ses prédécesseurs les créances avec le papier-monnoie (2), et qu'il a considéré le tout comme étant non point la représentation, mais au contraire le supplément du numéraire. C'est sans doute sur

---

(2) Mr. Blanc de Volx confond de même les créances avec le papier-monnoie dans l'examen de la question qu'il se propose, *convient-il à un Gouvernement d'être débiteur ou créancier*. Il pèse les avantages et les inconvéniens de la création d'un signe d'échange fictif, qu'il croit être le résultat d'un emprunt, tandis que dans le fait un emprunt ne crée point de signe fictif, et que celui-ci n'est produit que par une émission de papier-monnoie. S'il avoit fait cette distinction, il seroit arrivé plutôt et beaucoup plus sûrement à la conclusion si naturelle à laquelle il arrive cependant, qu'il vaut mieux que le Gouvernement soit créancier que débiteur. Il faut que l'amour des paradoxes ait été bien puissant, pour faire contester une proposition si évidente. Voyez Etat commerc. de la France, Ch. III. Sect. II et III.

cette opinion qu'il s'est fondé pour évaluer comme il l'a fait, la somme totale du papier de crédit et de l'argent qui circule, à une somme égale à la masse totale de la richesse du monde commerçant. (§. 64.) Il lui aura paru que les créances qui demeuroient pendant très long-tems dans les mêmes mains, faisoient une compensation pour cette partie de la richesse matérielle, dont il voyoit que les échanges étoient peu fréquens. Ce n'est pas cependant qu'il ait énoncé expressément cette opinion, mais comme en combattant son ingénieuse supposition de deux circulations en sens inverse, nous nous sommes attachés à faire voir que le papier - monnoie joint au numéraire, étoit fort inférieur pour la valeur, fort supérieur pour l'activité, à la richesse mobiliaire qu'il croisoit dans sa circulation, on pourroit croire qu'en unissant au numéraire et au papier-monnoie, toute la masse du capital immatériel ou des créances, cet équilibre qu'il annonçoit seroit rétabli.

Pour réfuter cette nouvelle supposition, il suffit d'observer que les créances ne chemi-

nent point dans le même sens que le numéraire ou le papier-monnoie, mais qu'elles
croisent constamment ces derniers dans leur
circulation ; en effet on les crèe et on les
transmet, on les vend et on les achète,
toujours en échange contre de l'argent ou
du papier - monnoie, précisément comme
toute autre marchandise. Les créances et le
papier - monnoie ne parcourent donc pas
conjointement l'un des systèmes de la circulation, ou les *veines* du corps politique.
Lorsqu'il arrive qu'on les échange entre
eux, ou avec un capital matériel, de pareils échanges nés d'une convenance réci-
proque, sont précisément de la même nature
que les trocs ou de marchandises ou d'immeubles qui ont aussi lieu quelquefois ;
ils ne retardent donc point tant la circulation du numéraire en prenant sa place,
que ce capital ne l'accélère en mettant dans
le commerce de nouvelles valeurs à échanger.

Reprenons donc notre distinction entre le
papier-monnoie, et le capital immatériel (3).

_____

(3) Il n'est pas étrange qu'on ait confondu ces

Le papier-monnoie qui comprend les billets de banque dont la circulation est libre, aussi bien que ceux dont elle est forcée, est désavantageux à garder en portefeuille, aussi bien que l'argent à garder en caisse; car un capital qui fructifieroit si on le prêtoit, ou si on l'employoit au commerce, reste stérile aussi long-tems qu'on le laisse chômer. Aussi les détenteurs de billets s'empressent-ils de les faire circuler aussi rapidement qu'ils le peuvent, sous peine de perdre l'intérêt de leur capital. Ces papiers passent donc de main en main pour faciliter les échanges, en sens contraire soit de la marchandise, soit du vrai capital immatériel. Il n'y a aucune raison pour que le mouvement du papier-monnoie soit plus lent que celui de l'argent, il en doit résulter

---

deux espèces de titres, puisque l'on a vu des papiers-monnoies qui participoient de la nature de l'un et de l'autre, qui étoient reçus dans le commerce comme numéraire, et qui portoient cependant intérêt comme créances. Cette confusion de fait n'empêche pas qu'il n'y ait une différence essentielle dans la nature et dans les effets de ces deux espèces de billets.

les mêmes effets que de l'introduction d'une
nouvelle masse d'espèces métalliques : le
papier - monnoie plus l'ancien numéraire
n'aura pas plus de valeur que ce numéraire
seul n'en avoit avant l'émission, puisqu'entre
eux deux ils sont égaux à l'aliquote inconnue de la richesse mobiliaire , qui d'après
la vitesse donnée suffit pour la représenter
toute entière ; il devient donc d'une nécessité absolue d'exporter les espèces d'or et
d'argent, celles de papier n'ayant point de
valeur au dehors de l'État où elles sont
créées. Si l'on continue à multiplier le papier lorsque tout le numéraire est sorti,
il faut qu'il baisse de valeur , et quand il
aura commencé à baisser , il se tiendra au-
dessous plutôt qu'au - dessus de celle qu'il
a réellement, et qui égale l'aliquote inconnue de la valeur mobiliaire qui suffit à sa
circulation. Lorsqu'on voit un Gouvernement porter l'ignorance ou l'immoralité,
jusqu'à mettre en circulation 45,581,411,618
francs en assignats, dans un pays qui ne
pouvoit guère supporter une circulation de
plus d'un milliard, on ne s'étonne plus de

voir tomber ces assignats à 7 s. 9 d. les cent francs.

Les créances portant intérêt, tant par obligation que par simple billet, sur le trésor public, les compagnies de commerce, ou les particuliers, sont d'une toute autre nature que le papier - monnoie ; on est aussi empressé à les garder qu'à se défaire de l'autre ; quoiqu'on les échange quelquefois ou entre elles ou avec des marchandises, elles ne forment cependant point partie de la circulation, aussi retardent-elles moins le numéraire en le remplaçant, qu'elles n'accélèrent sa marche en multipliant les valeurs à échanger.

Le numéraire dans les prêts tout comme dans les achats, n'est que le signe de la transmission d'une valeur plus réelle, d'une richesse plus utile ; c'est cette valeur qui est l'origine du capital immatériel, et sur laquelle il est hypothéqué. La richesse mobiliaire est la possession du fruit du travail accumulé de l'homme, qui peut toujours s'échanger contre un nouveau travail exigible ; la richesse immatérielle n'est plus que

ce droit d'exiger un nouveau travail , détaché du fruit du travail précédent déjà donné
en échange.

Tout capital immatériel est né de la livraison d'une portion de richesse matérielle,
et généralement mobiliaire (4). Le numéraire a été le plus souvent le signe de
cette livraison, mais elle n'a vraiment été
accomplie que lorsque l'emprunteur a employé l'argent reçu à acheter les objets de
consommation dont il vouloit faire usage.
Aucun homme n'a jamais emprunté pour
garder le numéraire dans son coffre-fort.
Les marchandises contre lesquelles il l'é-
change sont la propriété du prêteur ; celles qu'il produira en faisant consommer ces
premières , sont son hypothèque. La masse
des marchandises livrées et consommées en

---

(4) Le seul cas où l'on crée du capital immatériel
par la transmission d'une propriété immobiliaire, c'est
lorsque l'on vend un immeuble à crédit ; mais quand
on emprunte par hypothèque sur un immeuble, le
capital immatériel que l'on crée est né de la transmission d'une richesse mobiliaire, représentée par le
numéraire prêté.

conséquence des ces marchés , est égale à
la masse des créances ; et comme il n'y a
point de double emploi , les détenteurs du
mobilier effectif ne sont point propriétaires
de cette partie du revenu national et mobilier , qui est égale aux intérêts dûs à tous
les porteurs de créances : il y a d'une part
une quantité négative égale à la quantité
positive qui se trouve de l'autre.

Les emprunts faits pour maintenir un
travail productif n'appauvrissent pas la nation, et ne l'enrichissent pas non plus ; c'est
une partie de la richesse mobiliaire qui
change de régisseur sans changer de propriétaire , ni changer non plus de destina-
tion, car tout capitaliste n'emploie son capital qu'à maintenir un travail productif,
sous peine de le perdre. Mais les emprunts
faits pour maintenir un travail improductif,
soit par un dissipateur qui hypothèque ses
immeubles pour gage , soit par le Gouvernement qui hypothèque les revenus de la
nation, sont autant de pertes pour l'État.
Les fonds qui jusqu'à ce jour avoient été
destinés uniquement à mettre en mouve-

ment des ouvriers utiles, sont consommés sans retour; et quoique le prêteur ait en mains un gage égal à la valeur des marchandises qui ont été consommées, quoiqu'il prélève sur le produit annuel une part égale à l'intérêt de ses fonds, cette somme n'en est pas moins perdue pour l'État; car l'emprunteur a aliéné d'abord la somme qu'il a reçue en dépôt, et ensuite celle avec laquelle il paye le prêteur : il y en a deux de déboursées, et cependant il n'en existe plus qu'une.

Si des capitaux n'avoient jamais été prêtés que pour maintenir un travail productif, il existeroit une somme de marchandises égale à celle du capital immatériel, qui n'appartiendroit pas à ses détenteurs, ou qui entre leurs mains seroit hypothéquée aux prêteurs ; mais lorsque des emprunts ont été faits dans tout autre but, comme la richesse mobiliaire qui a donné naissance aux créances a été dissipée sans reproduction, il n'existe point, pour représenter les dettes du Gouvernement, par exemple, une masse correspondante de richesses sans propriétaires, mais

mais seulement une masse suffisante pour en payer les intérêts. Les vrais propriétaires de la partie du revenu national que prélèvent les impôts, ne sont point ni ceux qui produisent et qui payent, ni le Gouvernement qui reçoit le montant des contributions, mais les créanciers de l'État auquel il est dû. Il y a cependant toujours comme l'on voit une relation nécessaire entre la valeur négative de la richesse mobiliaire, d'une part, et de l'autre, la richesse positive des propriétaires du capital immatériel qui ont hypothèque sur elle.

Le crédit, d'après ce que nous venons de dire, n'a donc point réellement une puissance créatrice ; il ne fait que donner à celui qui le possède la disposition d'une portion de richesse déjà existante et déjà employée sans doute à maintenir un travail productif ; la richesse immatérielle ne fait point non plus partie du capital national, quoiqu'elle fasse partie de celui des particuliers, parce qu'elle est toujours accompagnée d'une quantité négative existant entre les mains de quelque détenteur de richesse mobiliaire,

Tome I. M

quantité négative qui la compense et la détruit.

Si nous jetons à présent un regard sur les divers emplois du capital immatériel, nous comprendrons mieux quels effets il a dû produire. Nous verrons premièrement que les emprunts du Gouvernement, quoiqu'ils fassent naître un signe fictif de richesse, une créance hypothéquée sur le travail à venir des hommes, ne sont point un avantage, mais une perte; car ce travail n'en existera ni plus ni moins, parce que le Gouvernement a promis à un tiers qu'il en partageroit les fruits; et quant à la cause qui auroit mis ce travail en mouvement, la richesse mobiliaire qui a été fournie au trésor public et qui a fondé la dette, elle n'existe plus.

Nous verrons ensuite que les actions sur les compagnies de commerce, qui circulent sur la place, ne forment point non plus une accession à la richesse nationale, car elles ne sont que la représentation d'un droit sur une richesse matérielle, qui n'en existeroit ni plus ni moins, soit que cette richesse fût hypothéquée ou non. Une action de la com-

pagnie des Indes angloises représente une
partie des effets appartenans à cette compagnie, effets qui ont été produits ou obte-
nus en échange de ceux qui ont été achetés
avec l'argent des prêteurs. Ces effets-ci qui
formoient une richesse solide et matérielle
ont dû exister préalablement, et être fournis indirectement par les prêteurs, autrement le capital immatériel n'auroit pas pu
naître; ce dernier soit qu'il soit attaché à
l'existence de grandes compagnies, ou à celle
du Gouvernement, n'est jamais le produit
d'un crédit créateur, mais bien celui de la
livraison et de la consommation d'une
richesse matérielle.

Le capital immatériel des particuliers,
celui qu'ils font naître par leurs emprunts
directs ou indirects, a toujours la même
origine. Un banquier en tirant sur ses cor-
respondans, et en levant des fonds par circulation, paroît souvent user de son crédit
pour créer un capital immatériel, dont il
se procure la disposition; il emprunte en
quelque sorte sans le consentement de personne; au moyen de ses traites sur son cor-

M 2

respondant et des retraites de celui-ci que l'un et l'autre négocient, ils trouvent tous deux de l'argent. Mais celui qui leur prête cet argent sans s'en douter, c'est celui auquel ils négocient leur papier pour comptant ; et celui-ci en donnant de l'argent, transmet son droit sur une richesse mobiliaire et déjà existante, qui constitue seule la valeur de l'argent livré. Si cette richesse venoit à manquer, ils ne trouveroient plus personne qui voulût prendre le papier qu'ils offrent, il leur seroit impossible d'emprunter ; ils ne créent donc point non plus des capitaux, mais ils se procurent la disposition d'une partie de la richesse mobiliaire, dont ils n'altèrent point l'usage, s'ils la destinent à un travail productif, et qui ne sera par conséquent ni plus ni moins utile à l'État, à cause de la rapide circulation de leurs lettres de change.

Enfin les banques qui donnent naissance à la seconde espèce de capital immatériel, aux billets ou papiers-monnoies qui circulent concurremment avec le numéraire, ne créent pas non plus le capital immatériel qu'elles émettent ; celles-ci cependant peuvent augmenter réellement jusques à un certain point la richesse productive de l'État. Chaque émission de papier-monnoie doit, comme nous l'avons vu, pousser en dehors de l'État une somme de numéraire égale à la valeur de l'émission, aussi long-tems du moins que la confiance dans le papier est entière : or cette somme de numéraire ou d'un capital stérile expulsée ainsi, n'est pas donnée gratuitement aux étrangers ; elle est échangée avec eux contre une richesse mobiliaire, matérielle et productive, qui mise en circulation, augmentera les revenus nationaux.

Au moment où la banque de France, le comptoir commercial, ou la caisse d'escompte, augmentent leur circulation, il existe toujours une certaine dette de la France envers les étrangers, tout pays commerçant ayant habituellement des dettes de ce genre. Les débiteurs Parisiens emploient aussitôt à payer leurs dettes l'argent que ce nouveau papier fait refluer de la circulation ; et l'on éprouve une abondance momentanée de ca-

M 3

pitaux, les dettes étant soldées sans que la
circulation interne soit diminuée, parce que le
signe y a pris la place de la réalité. Jusques-
là, et pas plus loin, l'émission d'un papier-
monnoie est utile. Mais l'on sent d'une part
que l'utilité qu'on en peut dériver est fort
limitée, puisqu'il n'y a qu'une partie du
numéraire, celui qui circule par grosses
sommes entre négocians, que l'on puisse remplacer par du papier; de l'autre, que cette
opération qui anime le commerce, est accompagnée de dangers tout au moins égaux à
ses avantages, à cause des variations de valeur auxquelles est nécessairement exposé
un signe qui n'en a aucune par lui-même.
Du reste échanger le numéraire qu'on possédoit déjà contre une richesse mobiliaire plus
productive, ce n'est pas multiplier les capitaux, c'est seulement en tirer un plus grand
parti; aussi l'établissement d'une banque
n'ajoute-t-il rien aux fonds que possédoit la
nation, le pouvoir du crédit ne s'étend pas
jusques-là; il procure à l'un, l'usage de ce
qui étoit au service de l'autre, mais il dé-
place, et ne crée jamais. Ce n'est pas qu'il

ne paroisse, au moment de l'émission des
billets de la banque de France, que plus de
fonds circulent sur la place, et que l'intérêt
de l'argent baisse; mais cette chute est de
courte durée; elle tient à ce que les Direc-
teurs prêtant ce qui n'est pas à eux, ne sont
pas au premier abord très difficiles sur les
conditions du contrat. Ils cèdent en effet,
avant de la tenir, la richesse mobiliaire déjà
existante dans leur pays, et dont leurs billets leur donneront la disposition; mais
bientôt il se trouve que cette richesse réelle
n'est point augmentée par la fabrication de
leur papier, et au bout de trois semaines
ou d'un mois, l'escompte remonte au même
prix où il étoit avant l'émission de leurs
billets. Concluons donc qu'un capital immatériel très considérable n'ajoute rien à la
richesse nationale, quoiqu'il soit en général
le signe de son existence; il est dû le plus
souvent au commerce, il s'accroît avec lui,
et d'ordinaire il le facilite; mais si chaque
capitaliste faisoit valoir ses propres fonds
au lieu de les confier à des emprunteurs, et
de se décharger sur eux de tout soin, la

M 4

fortune publique seroit précisément la même, quoique tout le capital immatériel fût par-là anéanti ; autant de travail seroit produit chaque année, et le revenu national ne seroit point altéré. Cette révolution dans les usages et les mœurs n'auroit peut-être rien de désirable, mais il ne faut point croire non plus l'existence de l'État attachée à l'ordre actuel, et calculer ses ressources sur des richesses fictives et des capitaux imaginaires, qui ne sont jamais que comme le spectre d'une richesse plus solide que réfléchiroit un miroir, et qui ne pourroit exister indépendamment d'elle.

Cette discussion peut jeter quelque lumière sur l'effet que devroit probablement produire la banqueroute nationale, chez une nation fort endettée. Une banqueroute est une fort grande injustice, par laquelle la propriété des créanciers est transférée aux débiteurs, sans motif ni rétribution. Celle de l'État détruit entre les mains de ses créanciers, un capital immatériel, produisant chaque année en leur faveur un revenu matériel ; et elle crée entre les mains des

contribuables, un revenu matériel, précisément égal à celui des créanciers qu'elle a
anéanti; auparavant ce revenu n'étoit point à
eux, mais il passoit sous la forme d'impôt du
contribuable au trésor national, et sous la
forme de rentes viagères ou perpétuelles, du
trésor national aux créanciers. Cette opération fort immorale et fort injuste, n'a donc
point nécessairement un effet destructif pour
la nation au milieu de laquelle elle s'opère;
elle en ruine une moitié, elle en enrichit
l'autre sans raison; au milieu de ces révolutions particulières, le capital national
reste jusques ici le même qu'auparavant;
mais jamais aucun Gouvernement n'a fait
banqueroute dans la vue d'affranchir les
contribuables des impôts qu'ils payoient;
c'étoit uniquement pour employer ces impôts à de nouvelles dépenses, et se réserver
les moyens de dissiper une seconde fois les
revenus présens et à venir de la nation;
la perte nationale qu'occasionne la banqueroute, est égale à cette seconde dissipation
qu'elle a rendue possible.

En laissant de côté ces nouvelles profu-

sions qui sont plus souvent la cause que l'effet
d'une banqueroute, et en ne considérant que
ses conséquences immédiates, savoir d'une
part l'anéantissement d'un capital immatériel,
de l'autre la création d'un revenu matériel égal
seulement au revenu que produisoit le capital anéanti, il semble qu'on s'ôte la disposition d'un fonds, pour ne se réserver que
celle d'une rente ; cependant comme le capital immatériel ne peut pas être employé
par lui-même à mettre en mouvement l'industrie, mais seulement, autant qu'on l'échange
contre un capital matériel ; que ces échanges
ne diminuent point la masse du capital
immatériel, car il reste toujours pour une
somme égale de créanciers de l'État, qui
ne mettent point d'industrie en mouvement,
quoique ce ne soient plus les mêmes personnes ; et que c'est par conséquent le seul
capital matériel et circulant qui peut animer
le travail, on en peut conclure, que celui-
ci restant précisément le même qu'avant la
banqueroute, la perte dans les capitaux de
l'État n'est qu'apparente, et que leur mouvement peut être précisément le même.

Ces considérations sont bien loin de justifier une banqueroute , car le profit que fait
un voleur ne justifie pas son vol ; mais
quelque criminelle qu'eût été la banqueroute pour la France, il est certain qu'elle
eût été moins ruineuse , que l'opération
tout aussi criminelle d'une création illimitée
de papier - monnoie. M^r. Canard auroit
dû se défier du raisonnement qui l'a amené
à une conclusion toute contraire ; car il en
vient presque à prouver (§. 122.) qu'une
banqueroute nationale est impossible, ce qui
est contraire à l'expérience de toute l'Europe ,
et particulièrement à celle que nous n'avons
que trop faite pendant la durée de la révolution.

Quand une nation devient la créancière
des étrangers , peu lui importe que les autres
nations dissipent ou non ce qu'elle leur
prête ; il lui suffit que leur dette soit assurée,
et qu'elles lui en payent bien les intérêts ;
elle ne s'informe point si c'est avec les productions du capital même qu'elle leur a
prêté , ou si c'est avec un second capital
destiné à cet usage ; dans l'un et l'autre

cas, elle n'a rien perdu de sa richesse, et son capital immatériel représente une masse correspondante de marchandises ou d'immeubles, existante entre les mains des étrangers, et qui lui est hypothéquée.

CHAPITRE VII.

Balance des importations et exportations.

Nous venons d'examiner successivement les diverses espèces de propriétés qui constituent la richesse des hommes et des nations ; les capitaux fixes qui sont presque tous des immeubles ; les capitaux circulans qui sont des meubles appropriés aux usages et à la consommation des hommes ; le numéraire ; et les créances ou le capital immatériel. Toute la richesse du monde, tout ce qui peut être un objet de commerce ou d'échange, doit se ranger sous l'une de ces quatre classes : dans le reste de ce premier livre , nous nous occuperons de ces échanges de capitaux, et du mouvement que leur imprime le commerce.

La première circulation de richesses qui

réclame notre attention, c'est celle qui a lieu entre un État et ses voisins; non qu'elle soit réellement la plus importante, mais parce qu'une secte nombreuse et accréditée de politiques, voit dans le commerce extérieur, la seule source de richesse pour une nation, et regarde le calcul de la balance du commerce, comme le plus important de tous ceux auxquels les administrateurs peuvent se livrer.

Pour mettre de l'ordre dans son examen, nous discuterons successivement, l'égalité numérique qui existe toujours entre deux valeurs échangées, soit par des particuliers, soit par des nations; la manière dont se solde la balance que les échanges de marchandises laissent inégale, par des créances, et non en numéraire; les difficultés attachées au calcul de la balance du commerce; enfin, l'influence qu'a sur elle la guerre, et la dépense du Gouvernement dans l'étranger.

Tout échange ou toute vente ne se conclud jamais qu'à un prix auquel l'un et l'autre contractant croie trouver de l'avantage; les deux valeurs données l'une contre l'autre sont donc réputées égales ; l'acheteur n'auroit point cédé son numéraire contre la marchandise , s'il n'avoit pas cru qu'elle va-loit autant pour lui que les espèces dont il s'est défait , ni d'autre part le vendeur n'au-roit point cédé sa marchandise , s'il n'avoit estimé autant les espèces qu'on lui donnoit en retour. Chacun a dû même estimer plus ce qu'il recevoit que ce qu'il donnoit , au-trement il n'auroit point eu de raison de changer. Mais comme cet excès de valeur ne peut pas se trouver en même tems d'une et d'autre part , il tient aux convenances seules des contractans , qui ne peuvent être soumises au calcul. La seule chose à laquelle celui-ci puisse s'étendre , c'est la valeur nu-mérique , laquelle est indubitablement égale des deux parts. Ce qui est vendu mille écus par l'un , est acheté pour mille écus par l'au-tre contractant ; c'est la même égalité que nous avons déjà eu lieu de remarquer , en comparant la valeur du numéraire à celle des marchandises qu'il fait circuler. Cependant en réunissant tout le commerce qu'une nation fait avec les étrangers, la même égalité doit se retrouver encore, puisqu'en additionnant des équations on obtient pour résultat une équation. La valeur de tout ce qu'une nation reçoit des étrangers, est nécessairement égale, aux yeux des contractans, à la valeur de tout ce qu'elle leur a donné en échange; car chaque marché a été conclu entr'eux sur le pied de l'égalité. Mais d'entre les quatre espèces de richesses que les particuliers peuvent échanger ensemble, il n'y en a proprement que trois sur lesquelles des nations puissent négocier, savoir : la richesse mobiliaire, le numéraire et les créances. On comprend sans peine que la partie immeuble du capital fixe, quoique échangeable entre des particuliers, ne l'est pas entre des nations; c'est donc aux trois autres que se borne le commerce extérieur. Ce que les nations ne payent pas avec l'une de ces trois choses, elles le payent avec l'autre; il suffit seulement que la valeur réunie de toutes trois, soit égale à la valeur réunie des choses des trois mêmes classes que les autres nations leur cèdent en retour.

Reprenons-les séparément, et voyons comment

ment la quantité donnée ou reçue de chacune d'elles est limitée d'une certaine manière : parmi les marchandises importées,
les unes le sont définitivement, étant destinées à la consommation intérieure ; les autres sont réexportées, n'ayant été déposées
sur le territoire de l'État que pour le service de son commerce circuiteux ou de transport ; l'importation de ces dernières peut
s'accroître indéfiniment, suivant que la nation fait un commerce étranger plus ou
moins étendu, mais elle ne solde point la
dette des étrangers, puisqu'elle est destinée à
l'accroître de nouveau ; l'importation des premières doit toujours se proportionner à la
consommation ; or, comme nous l'avons vu,
la consommation a une balance particulière,
c'est son rapport avec les revenus nationaux :
selon qu'elle reste au-dessous de leur étendue, ou qu'elle les excède, la nation s'enrichit ou se ruine ; mais cette balance règle la
valeur des importations, au lieu d'être réglée
par elles ; chaque particulier n'achetera pas
d'autant plus d'étoffes angloises qu'on en apportera davantage, mais l'on en apportera

Tome I. N

d'autant plus qu'il aura plus de disposition et de moyens pour en acheter. C'est donc sur les besoins et les moyens, quelquefois les fantaisies de la nation que se règle le montant des importations , et non sur la valeur des marchandises qu'elle pourra donner en retour.

Ces dernières peuvent être de valeur égale, plus grande , ou moindre, que celle des importations ; si elle est égale , il n'y a point lieu à solder le compte, ni par du numéraire, ni par des créances ; si elle est plus grande , cet excédant ne pourra point cependant déterminer à importer un excédant correspondant de marchandises pour l'intérieur , car le pays est suffisamment pourvu pour sa consommation ; si l'on en importe pour faire passer à d'autres nations étrangères , on ne solde point ainsi la dette des étrangers , puisqu'on l'accroît d'une part, tandis qu'on la diminue de l'autre , et que l'excédant de l'exportation sur l'importation n'est point payé. Si au contraire la valeur des marchandises exportées est moindre , ce désavantage tient indubitablement à la foiblesse de la production , laquelle se proportionne tou-

jours aux capitaux qui ont mis les travailleurs en mouvement. Il ne dépend pas plus
de la nation d'exporter davantage, qu'il ne
dépend d'elle d'être plus riche : l'inégalité
entre la valeur des marchandises importées
et exportées , produit donc toujours une différence de compte, qui doit être soldée, ou
par du numéraire, ou par des créances, pour
ramener l'échange à l'égalité qui doit s'y
trouver.

Cette différence qu'on nomme la balance
du commerce , ne peut cependant point se
solder au moyen du numéraire , car le besoin de celui-ci est déterminé d'une manière
plus rigoureuse encore que celui de marchandises. Chaque nation doit en posséder comme
nous l'avons vu , une quantité qui, multipliée par la vitesse de sa circulation, égale
le *momentum* de ses autres capitaux ; elle
ne peut en avoir ni plus , ni moins : si la
nation est vendeuse de l'excédant de marchandises, et qu'on la paye en numéraire,
après en avoir retenu pour son propre usage
la portion nécessaire pour réparer ses monnoies, et, si sa prospérité est croissante, pour

N 2

rester en mesure avec cet accroissement ; elle se hâtera de réexporter tout le reste, et les nations étrangères seront aussi bien ses débitrices qu'auparavant. Si au contraire la nation est acheteuse de l'excédant des marchandises, si sa consommation d'objets destinés à son usage surpasse sa production, à moins qu'elle ne soit propriétaire de mines, et que l'argent ne soit sa marchandise à elle, elle ne sauroit se défaire de son numéraire sans qu'il lui revienne aussitôt de toutes parts ; car dès qu'il renchérit chez elle, il faut bien qu'elle le rachète, ou avec des marchandises, ou à crédit : aussi voyons-nous que les balances défavorables, dont on a souvent entretenu les nations, n'ont jamais épuisé le numéraire d'aucune, à moins qu'on ne l'ait expulsé par la création d'un papier-monnoie (1).

_____

(1) D'après le bilan commercial présenté aux Consuls par le Ministre de l'Intérieur, le 1 Germinal an X, la France auroit dû payer pour solde en l'an VIII, la somme de 54,000,000 aux étrangers, et en l'an IX, celle de 112,659,000 francs. Une pareille

Puisque les exportations et les importations, tant de numéraire que de marchandises, ne peuvent point se proportionner entr'elles, mais procèdent les unes et les autres
de circonstances indépendantes, il faut bien
que la balance du commerce se solde par
des créances, l'étendue des échanges qu'on
peut faire avec celles-ci étant absolument
illimitée. Ce résultat, qui est la vérité même,
ne laisse pas que de surprendre au premier
abord, soit parce qu'un compte n'est rien
moins que soldé par une créance, soit parce
qu'on ne songe point que les nations sont
fréquemment créancières ou débitrices les
unes des autres.

Loin cependant que cet état habituel de
créances, qui semble avoir échappé aux spé-

---

exportation de numéraire, venant après celles qu'avoit
occasionné la révolution, en auroit épuisé la France,
si elle avoit été réelle. Il est de fait cependant que
durant ces mêmes années le numéraire circulant a
augmenté loin de diminuer, c'est que le commerce
des espèces ne solde point celui des marchandises,
et que l'un est absolument indépendant de l'autre.

culateurs politiques, soit rare, il est le fondement de tout commerce étranger : lorsque les Hollandois font pour les François le
commerce d'exportation et d'importation, ils
leur prêtent, car ils mettent pendant ce
tems -là leurs capitaux à leur service. Lorsque des maisons Hollandoises viennent s'é-
tablir à Marseille, à l'Orient, à Paris, c'est
un second prêt qu'elles font à la France,
car tous les capitaux qu'elles y apportent,
quoique gérés par elles, mettent en activité
le commerce de France, et non celui des
Pays-Bas. Lorsqu'enfin des marchands d'Amsterdam et de Londres, font des expéditions
à des acheteurs françois, c'est toujours avec
un crédit plus ou moins long. Ne fût-il que
de trois mois, comme avant qu'il soit remboursé, un second envoi a été fait, et un
second crédit ouvert, la nation n'en reste
pas moins débitrice. La rapidité avec laquelle
ces avances s'acquittent et se renouvellent
sans cesse, est la principale cause qui a em-
pêché d'observer qu'une nation qui achète
plus de l'étranger qu'elle ne lui renvoie, doit
constamment à l'étranger, quelque moment

que l'on choisisse pour arrêter le compte, tout l'excédant de ses achats sur ses ventes. Outre toutes ces manières de former des créances, il arrive souvent encore que les nations riches prêtent aux négocians des nations pauvres, soit en compte courant, soit par billet, soit par hypothèque, ou qu'elles prêtent au Gouvernement, pour se former des rentes viagères ou perpétuelles ; mais quelle que soit l'importance de ces divers placemens, je ne crois pas qu'ils arrivent à égaler celui que fait sans s'en douter toute nation qui se livre au commerce étranger, et qui ne peut lui donner de l'activité, qu'en servant les autres de ses capitaux, et se mettant sans cesse en avance vis-à-vis d'eux.

On pourroit se prévaloir de ce que je viens de dire (qu'une nation reste toujours débitrice de l'excédant de ses achats sur ses ventes) pour justifier la prohibition d'exporter le numéraire, que j'ai représentée comme impolitique, puisqu'aussi bien d'après les principes que je développe, ce numéraire ne seroit point employé à payer la dette nationale ; cependant il le seroit souvent à

N 4

payer la dette particulière , toutes les fois
qu'un accident dans les changes rendroit
plus avantageux de le faire en espèces : il
seroit bientôt réimporté , et la nation resteroit débitrice , mais ce ne seroit plus des
mêmes particuliers. Toutes les fois qu'on la
gêne sur les moyens de s'acquitter , c'est
comme si pour augmenter le crédit d'un marchand , on lui défendoit de payer ses dettes.
Elle paye en effet les siennes régulièrement,
de même que la caisse d'escompte , ou toute
autre banque publique, réalise ses billets à
présentation, non que cette dernière ait dans
ses coffres de quoi les acquitter tous ; il lui
suffit que tandis qu'un courant d'espèces en
sort continuellement, il en rentre un autre
qui lui soit égal , et la nation comme la
caisse d'escompte, fait travailler à son profit
le capital étranger qu'elle a emprunté, sans
que personne se soit apperçu de le lui avoir
prêté.

Une nation peut fort bien s'acquitter
constamment envers une seule nation étrangère avec du numéraire, parce qu'elle verse
toujours d'un côté celui qu'elle reçoit tou-

jours de l'autre : nous avons vu par exemple que la France étoit appelée par sa position à être le canal au travers duquel le numéraire qui arrivoit annuellement d'Espagne, se répandoit sur tout le reste de l'Europe. Il est donc fort naturel qu'elle paye sur toutes ses autres frontières, en raison de ce qu'elle reçoit toujours sur celle des Pyrénées (2). De

---

(2) N'oublions point que le commerce des espèces, loin de solder celui des marchandises, peut souvent augmenter la différence de compte qui doit être compensée par des créances ; ainsi quoique l'argent d'Espagne passât en général par la France pour arriver en Allemagne et dans le Nord, la balance avec ces divers pays, et surtout avec les plus pauvres et les moins industrieux d'entr'eux, étoit considérée avant la révolution comme favorable à la France ; voici comment on la calculoit à cette époque, d'après les relevés des douanes.

En Allemagne, possessions Autrichiennes, Pologne, Prusse et Pays-Bas.

Exportat. L. 95,600,000. Import. L. 64,000,000.

En Russie, Danemark, Suède et villes anséat.

Exportat. L. 79,000,000. Import. L. 31,600,000.

Nous allons passer en revue dans ce chapitre toutes les causes d'erreur attachées au calcul des balances du commerce ; si on supposoit celles-ci exactes, ce

même l'Angleterre importe pour une somme fort considérable d'or de Portugal, et elle l'emploie à ses exportations d'espèces dans l'Inde, en Hollande, et ailleurs. Dès l'instant que cette exportation cesseroit, elle ne pourroit en acheter davantage du Portugal, et cette *balance favorable* sur laquelle on a tant insisté, quoiqu'elle ne soit pas plus favorable que l'achat de toute autre marchandise, cesseroit aussi immédiatement.

Une nation ne peut s'acquitter définitive-

---

que je suis loin d'admettre, il faudroit en conclure que non-seulement la France prêtoit aux peuples du Nord, l'excédant de ses ventes sur ses achats, déduction faite de son profit et de ses frais ; mais encore une somme considérable en métaux précieux, qu'elle leur expédioit indubitablement. Il est très-probable que la France étoit prêteuse dans son commerce avec les nations septentrionales, bien moins riches et moins industrieuses qu'elle, mais il n'est nullement vraisemblable que ce fut pour d'aussi fortes sommes. Quant aux achats d'espèces que faisoient ces Peuples, il est très possible qu'ils les soldassent par leur commerce direct avec l'Espagne, et que la France ne s'y trouvât mêlée que comme lieu d'entrepôt des métaux précieux.

ment envers toutes les autres nations qu'en marchandises ; et il faut pour cela que sa production , et par conséquent sa richesse se soit accrue ; car le travail, ainsi que nous l'avons vu, ne peut augmenter, qu'autant que le capital qui le met en mouvement augmente ; mais c'est à quoi ce dernier tend constamment, lorsque les loix et les mœurs ne contrarient pas l'industrie , les avances des nations étrangères mettent bientôt l'emprunteuse en état de faire des économies et de s'acquitter (3).

---

(3) Les nations qui s'enrichissent le plus rapidement sont souvent celles qui font les emprunts les plus considérables , parce que ce sont aussi celles qui trouvent chez elles à faire les placemens de capitaux les plus avantageux. La balance du commerce de ces nations paroît en général défavorable , c'est-à-dire que leurs importations surpassent de beaucoup en valeur leurs exportations , au moment où leur richesse prend les accroissemens les plus rapides. C'est ce que l'on peut surtout observer dans les colonies du Nord de l'Amérique. D'après les tables publiées par Lord Sheffield, le Canada, la baie d'Hudson, et les autres possessions Britanniques dans le continent de l'Amérique septentrionale, jointes aux Etats-

Les calculs qui représenteroient avec exactitude la balance du commerce, c'est-à-dire,

---

Unis, tiroient d'Angleterre, année commune des dix qui s'écoulèrent de 1770 à 1780, pour L. 2,156,479, st. et ne renvoyoient en payement que pour L. 877,442 st. de marchandises coloniales. Cependant comme l'Angleterre s'étoit réservé le commerce presque exclusif de ces vastes régions, la balance entre la métropole et la colonie devoit pour cette dernière être conforme à la balance générale de son commerce extérieur.

Quant aux commerce particulier des Anglois avec les Etats-Unis, ils leur fournissoient par année pour 1,331,206 l. à la même époque, et n'en retiroient que pour 743,560 l. st. de marchandises. Le commerce entre la France et les Anglo-Américains présentoit une balance dans le même sens; les importations en Amérique de marchandises de France s'élevèrent (année moyenne d'entre les trois qui suivirent le traité de Janvier 1778) à 3,203,000 francs, et les exportations d'Amérique, à 2,393,000 francs seulement. Dans les trois années qui suivirent, la disproportion fut plus grande encore; les importations des marchandises françaises en Amétique montèrent à la valeur de 11,460,0c0 l. tournois, et les exportations d'Amérique pour la France ne passèrent pas 3,494,000 L. A la paix de 1783, la France, l'Angleterre, la Hollande, les Pays-Bas Autrichiens et l'Allemagne, s'emnon point ce qu'une nation paye, mais ce qu'elle doit , offriroient certainement un intérêt majeur en économie politique ; mais lorsqu'on appuie avec ostentation sur ces calculs, on ne soupçonne guère de combien d'erreurs ils sont susceptibles , et combien il est difficile, ou plutôt impossible d'y appor-

---

pressèrent d'expédier des marchandises en Amérique. Dans la seule année 1784, et dans les seuls ports de Charles-Town, Philadelphie et New-Yorck , les importations s'élevèrent à la valeur de 100 millions tournois. Cette masse d'importations si supérieure à celle des exportations, loin d'avoir ruiné les Etats-Unis., comme les mercantiles devroient le conclure d'après leur système , y a multiplié rapidement les capitaux, et y a accéléré les développemens de l'industrie. (Peuchet. Dict. de la Géog. comm. art. Angleterre, et art. France.)

Les Bermudes sont aujourd'hui dans le même cas que les colonies continentales, la balance de leur commerce extérieur qui est limité à celui qu'elles font avec l'Angleterre est constamment défavorable , et cet état de leur balance, loin de mettre obstacle à leur prospérité, est précisément un effet de l'accroissement de leurs richesses. De 1770 à 1780 l'exportation annuelle pour l'Angleterre montoit à la valeur de 1,882 liv. et l'importation à 13,024 liv. sterl.

ter la moindre exactitude. Que l'on consulte
à cet égard le Ministre, qui le premier a
sondé toutes les profondeurs de l'administration ; son témoignage est d'autant moins
suspect, qu'il attache lui - même une très
haute importance à la balance du commerce,
qui lui paroissoit favorable à la France.
« On ne se formera jamais des notions jus-
» tes, dit-il, sur la créance de commerce
» que le Royaume acquiert, si l'on ne
» supplée point par le jugement, à l'insuffi-
» sance des travaux mécaniques ». Et ailleurs : « La plupart des calculs sur cette
» matière sont inexacts et imparfaits, et
» l'on doit l'imputer à différentes causes ».
(Adm. des Fin. T. III. Ch. III.) La première
qu'il indique suffit en effet toute seule pour
montrer la vanité de tous ces calculs ; c'est
que comme on ne connoît que par les douanes les quantités de marchandises qui entrent, et celles qui sortent, toute la partie
des transactions de commerce qui s'exécute
par contrebande, ne sauroit être connue par
les livres des agens du Fisc. C'en est assez
pour que toute balance paroisse toujours

avantageuse au pays qui la calcule ; car
presque toute contrebande s'opère du dehors
au dedans, la sortie des marchandises étant
libre, et leur entrée prohibée. Plus les pro-
hibitions sont rigoureuses, ou le tarif des
douanes élevé, plus il devient nécessaire de
faire entrer tous les retours en fraude ; en
sorte que l'importation paroît presque nulle,
à l'indicible satisfaction de ceux qui calcu-
lent la balance d'après les états du commerce fournis par les bureaux de Douane ;
quoique dans le fait, cette balance ne soit
nullement altérée. Quant aux retours en numéraire, le commerce suit une marche toute
contraire, mais qui tend cependant à accroître l'erreur précédente. L'exportation du numéraire est toujours ou défendue, ou vue de
fort mauvais œil ; son importation, au contraire, est constamment favorisée : on n'en
fait donc sortir qu'en fraude, ou du moins
avec mystère, et en cherchant à détourner
les yeux du public de cet objet ; celui qu'on
fait entrer au contraire, lors même qu'on ne
le feroit point inscrire dans des registres, on
sait toujours s'en faire un mérite aux yeux

de la nation ou du Gouvernement. Si la branche de commerce qui en importe a quelque faveur à demander, elle ne manque pas de l'appuyer d'un tableau de tout l'or et de tout l'argent qu'elle a introduit dans le pays; tableau qui lors même qu'il seroit parfaitement exact, induiroit toujours en erreur, parce qu'on ne peut le confronter à celui des espèces qu'une branche correspondante de commerce a fait sortir. Ces deux causes se réunissent donc pour faire paroître la balance beaucoup plus favorable qu'elle ne l'est réellement, ou pour faire croire que l'exportation de marchandises surpasse de beaucoup l'importation.

Dans quelque but que l'on veuille calculer la balance du commerce, le moment et le lieu que l'on choisit pour évaluer les marchandises importées et exportées, occasionnent de nouvelles erreurs, et c'est encore une observation de Mr Necker. En effet, le calcul se fait toujours à la Douane des frontières, soit que la nation soit habituellement prêteuse ou emprunteuse : il se fait ainsi pour la Russie tout comme pour l'Angleterre, quoique

quoique des étrangers fassent tout le commerce extérieur de la première, et que tout celui de la seconde soit fait par des nationaux. Les marchandises qui sortent des ports de Riga, de Pétersbourg, et d'Archangel, non plus que celles qui y entrent, ne sont point la propriété des Russes; les premières ont cessé de l'être dans le marché intérieur où elles ont été vendues; les secondes ne le deviendront que dans ce même marché intérieur où les Russes les acheteront. D'autre part, les marchandises importées en Angleterre, appartiennent à des Anglois, long-tems avant que d'arriver au port; celles qu'ils exportent, leur appartiennent long-tems après en être sorties. La valeur de la créance ou de la dette nationale ne doit être estimée cependant qu'au moment où la marchandise est transmise du négociant national à l'étranger, ou *vice versa*. Elle est par conséquent accrue de tous les profits et de tous les frais intermédiaires jusqu'à cette transmission.

Comment ensuite fixer le prix des marchandises importées ou exportées? S'en rapportera-t-on aux déclarations des marchands?

Tome I   O

Mais il est évidemment de leur intérêt de déclarer au-dessous de leur valeur toutes celles qui sont soumises à des droits, et de grossir plutôt le compte de celles qui en sont franches, pour augmenter leur importance, et rehausser le mérite de leur commerce aux yeux du Gouvernement. Les évaluera-t-on d'après le prix courant à la place du chargement et déchargement ? Mais alors les retours paroîtront toujours beaucoup plus considérables que les envois. Supposons, pour faire comprendre cette assertion, qu'un marchand françois négocie de St. Malo avec le Cap François, sur un capital de cent mille écus ; les marchandises qu'il expédie sont évaluées à la Douane de St. Malo à cent mille écus qu'elles lui ont coûté réellement ; les frais de transport et son bénéfice leur donneront au Cap François une valeur au moins de 120,000 écus, et ce sera la somme pour laquelle elles seront inscrites à la Douane de la Colonie. Nous supposons que sur cet accroissement de 20000 éc. dix mille aient payé les douanes de sortie et d'entrée, le nolissement, les gages des matelots, l'assurance, etc.

et que les dix mille autres soient le profit du commerce; le Malouin aura donc un fonds disponible de 110,000 éc. au Cap François, avec lequel il achetera des marchandises coloniales déclarées à la Douane pour cette somme. Les registres de la Colonie porteront donc, si les estimations sont justes, 120,000 éc. d'importations, et 110,000 d'exportations. Le Capitaine Malouin de retour dans sa patrie devra ajouter 22000 écus au prix d'achat de ses denrées, savoir : onze mille pour profit mercantile à dix pour cent, et onze mille pour nolissement, gages, avaries, assurances, douanes, et autres frais. Ses sucres et cafés vaudront réellement sur le marché de St. Malo 132000 éc. et si les estimations se font à la Douane avec exactitude, celle de St. Malo trouvera sur ses régistres 100000 écus d'exportations, 132000 d'importations, en sorte que l'on verra clairement que les deux pays qui négocient ensemble, gagnent l'un et l'autre à leur commerce, et que celui qui est actif et non passif, gagne plus, comme de raison.

D'entre les sources d'erreurs que nous

avons examinées , celle-ci est la seule qui
tende à diminuer la balance du commerce ;
toutes les autres tendent à l'augmenter. Aussi
quoiqu'on ne paroisse pas s'être formé une
idée bien nette de ces diverses manières
de calculer , cependant comme les Gouvernemens ont toujours désiré de présenter
sous un point de vue avantageux le commerce national, ils ont employé tantôt l'une
tantôt l'autre , selon qu'elle satisfaisoit
mieux ce désir. Lorsqu'il s'est agi du commerce étranger , ils ont adopté pour base
les calculs qui faisoient paroître la balance
du commerce favorable , c'est-à-dire , les retours moindres que les envois ; lorsqu'ensuite ils ont voulu faire connoître l'état
du commerce avec les colonies du Golfe
du Mexique , ils ont fait le calcul que
nous venons de faire , et représenté les retours comme supérieurs aux envois (4). Il

---

(4) Nous pouvons donner comme exemple de ces
balances défavorables, qui ne laissent pas que d'enrichir une nation, le commerce que font les Européens
avec les îles d'Amérique. D'après Lord Sheffield qui
a calculé de dix ans en dix ans les importations et

est étrange que ces deux résultats contradictoires, et tous deux considérés comme

exportations de l'Angleterre pour toutes ses colonies
depuis le commencement du dix-huitième siècle, l'année moyenne, de 1770 à 1780, présente pour le commerce avec les Indes Occidentales ;

Import. en Anglet. L. 2,943,955 ster.

Export. d'Anglet. L. 1,279,572 ster.

Au moment de la révolution, la France recevoit
de ses colonies d'Amérique pour 181,000,000 environ
de marchandises, savoir :

Sucre et café. . . . . . 134,000,000 L. tourn.
Coton. 26,000,000
Indigo, rocou, et autres tein-
    tures. 11,600,000
Cacao, gingembre, etc. 10,000,000

TOTAL. L. 181,600,000

A la même époque elle envoyoit à ses colonies pour
78 millions de marchandises, savoir :

Objets manufacturés, fabri-
    qués et ouvragés. . . . L. 42,447,000
Comestibles, farines, légumes,
    chairs salées, fromages. . 19,611,000
Vins et eaux-de-vie. . . . 7,285,000
Bois, merrain, feuillard, mé-
    taux, etc. 6,513,000
Marchandises diverses. 2,057,000

TOTAL. L. 77,913,000 fce.

O 3

avantageux, n'aient pas fait soupçonner que
de grandes erreurs étoient cachées sous ce
système imposant des balances du commerce.
Il me semble que, d'après ce que nous en
avons vu, nous pouvons conclure. 1°. Que
dans tout échange égal il y a une balance
favorable pour l'une et pour l'autre nation,
parce que dans tout commerce il y a un
bénéfice pour l'un et pour l'autre contractant.
2°. Que quoiqu'il fut intéressant de savoir
si les dettes ou les créances d'une nation
augmentent ou diminuent, on ne peut obtenir à cet égard des registres des douanes,
que les lumières les plus douteuses, et qu'il
est absolument impossible de les soumettre
au calcul. 3°. Enfin, que cette recherche
quoique curieuse ne donneroit point de notions exactes sur l'état de prospérité de la

---

Dict. de la Géog. comm. de Peuchet. Les colonies
Septentrionales au contraire, le Canada, les Etats-
Unis, importent chaque année beaucoup plus de marchandises européennes qu'ils n'en exportent des leurs ;
leur balance avec l'Europe est donc défavorable
pour eux, et cependant il est bien reconnu que leur
richesse s'accroît d'une manière très rapide.

nation, puisque l'accroissement ou le déclin de sa richesse, dépendent d'une toute autre balance, celle des salaires nécessaires employés chaque année; et que nous pouvons nous représenter une nation dont la prospérité seroit toujours croissante, quoique sa dette s'accrût chaque année, tandis que la prospérité d'une autre iroit toujours en déclinant, quoiqu'elle contractât chaque année une moindre dette (1).

(1) Les calculs présentés au Chap. IV pourroient seuls suffire pour justifier cette conclusion; cependant pour ne laisser aucun doute dans l'esprit du lecteur, nous montrerons ici qu'une nation peut s'enrichir, non-seulement encore que la balance de son commerce soit constamment défavorable, mais même encore qu'elle le devienne chaque année davantage; tout comme elle peut s'appauvrir dans le cas contraire: nous conserverons aux lettres la même signification que nous leur avons donnée pag. 105, où nous avons exprimé par $D = P + C - \overline{N + X}$ le bilan de la nation qui doit pour solde chaque année une somme aux étrangers. Or que C soit la $\frac{1}{10}$ de N, et X une quantité positive égale au $\frac{1}{5}$ de N, ce bilan se réduira ainsi; $D = P + \frac{N}{10} - N - \frac{2N}{10}$ soit $D + \frac{N}{10}$ $= P - N$, et la nation économisera $\frac{N}{10}$ cette

Lorsque la valeur des exportations surpasse celle des importations, la nation devient créancière des étrangers, et reçoit

---

année. Mais qu'elle accroisse l'année suivante et ses emprunts, et son salaire nécessaire, de sorte que les premiers, ou C, soient égaux à $\frac{N}{8}$ et le second ou X à $\frac{N}{4}$: que la troisième année elle les accroisse encore, tellement que C soit $= \frac{N}{6}$ et X $= \frac{N}{3}$; les économies de la nation dans ces trois années seront pour la première $\frac{N}{10}$, pour la seconde $\frac{N}{8}$, pour la troisième $\frac{N}{7}$, quoique sa balance de commerce soit devenue toujours plus défavorable, précisément dans la même proportion. Or cette supposition s'accorde parfaitement avec ce qu'on voit arriver tous les jours dans les colonies nouvelles et très prospérantes; quelque sages et économes que soient les Colons, leurs épargnes ne suffisent pas pour mettre en mouvement tout le travail qu'ils sont encouragés à entreprendre, ils empruntent donc chaque année davantage, mais ils empruntent pour employer avantageusement et comme salaire nécessaire les marchandises qu'ils reçoivent. La nation qui acquitte ses dettes, mais qui retranche de son salaire nécessaire dans une proportion supérieure à ce remboursement, doit aussi nécessairement s'appauvrir, ce qui n'a pas besoin je pense d'une nouvelle démonstration.

d'eux chaque année l'intérêt des fonds qu'elle leur a avancé. C'est le cas de toute nation qui fait un grand commerce extérieur, et sa créance sur l'étranger est d'autant plus forte que son commerce est plus circuiteux; c'est-à-dire, lorsqu'au lieu de vendre ses produits à ceux de qui elle tire les produits étrangers dont elle a besoin pour sa propre consommation, elle est obligée de faire trois ou quatre échanges, avant d'obtenir la chose qu'elle veut employer à son usage. C'est ainsi que l'Angleterre vend sa quincaillerie aux Nègres de Guinée contre des esclaves, qu'elle échange ceux-ci contre des sucres et des cafés, et les derniers contre des vins, en sorte que ce n'est que par le troisième échange, qu'elle se sert elle-même. Une nation qui entreprend le commerce de transport, c'est-à-dire, qui fait les échanges des autres peuples sans apporter chez soi en dernière analyse un retour destiné à être consommé, fait un prêt plus considérable encore aux nations étrangères, et doit par conséquent attendre d'elles par delà le mon-

tant de ses exportations un retour annuel
égal à la valeur des intéréts de sa créance.
C'est bien là, si on veut l'appeler ainsi, une
balance favorable, mais elle est l'effet non
la cause de l'accroissement de la richesse.
Il n'est guère moins absurde de forcer une
nation à entreprendre un pareil commerce
avant qu'elle soit assez riche pour s'y livrer,
qu'il ne le seroit de proposer à un marchand
embarrassé faute de capitaux, pour faire
face à ses affaires, de prêter quelques cen-
taines de mille écus à ses voisins, pour vivre
ensuite de ses rentes. Il faut qu'une nation
aussi bien qu'un particulier commence par
se procurer les capitaux dont elle a besoin
elle - même, avant de songer à les prêter
aux autres.

Il y a, comme nous l'avons annoncé plus
haut, un seul cas où il se fait une exportation sans retour égal ni de marchandises,
ni de créances, c'est celui où le Gouvernement a des sommes à faire passer dans
l'étranger pour la guerre ou les négociations.
Dans ce cas, lors même que la nation
n'auroit point de commerce étranger, elle

s'en créeroit un immédiatement ; le Gouvernement envoyant au dehors son numéraire, la nation se hâteroit de le racheter
avec ses marchandises ; ou bien elle procu-
reroit au Gouvernement du numéraire dans le
pays où il en auroit besoin , en échange
contre ces mêmes marchandises. La nation
appelée dans ce cas-ci à donner plus de
rapidité au courant de numéraire qui doit
la traverser ou passer près d'elle , et qu'elle
attire du dehors pour le porter aussi au
dehors , là où le Gouvernement en a besoin,
ne peut y réussir qu'en altérant son équilibre
naturel , et en créant à ses dépens le canal
incliné que ce courant doit parcourir.

Pour mieux comprendre comment elle
y parvient, il faut fixer nos idées par un
exemple. Le Gouvernement Anglois pendant
une guerre continentale a un besoin habituel de faire parvenir du numéraire à Francfort ; c'est là qu'il veut le verser lui-même.
En tems ordinaire on donne à Francfort
sur Mein 135 $\frac{3}{4}$ batz, soit 9 florins et 3 creutz
pour une livre sterling à Londres , mais le
Gouvernement Britannique qui a peut-être

dix millions sterling, ou 90500000 florins à verser à Francfort dans l'année, consent à faire toute la perte nécessaire pour les y faire parvenir : il donne donc à Londres une livre sterling pour 120 batz. ou environ qu'on lui fait toucher à Francfort. Il y a donc 13 p. $\frac{o}{o}$, de profit pour les marchands anglois à vendre leurs marchandises payables à Francfort, plutôt que payables à Londres ou nulle part ailleurs, et par conséquent ils peuvent faire un rabais de 13 p. $\frac{o}{o}$, en faveur de tous ceux qui les payent dans cet endroit: ils peuvent aussi dès lors vendre des marchandises, qui sans cela leur seroient revenues de 13 p. $\frac{o}{o}$ trop cher pour que les étrangers les achetassent; ils gagneront cependant tout autant qu'ils gagnoient auparavant, mais leur gain sera payé par le Gouvernement et non plus par le consommateur. Comme l'argent n'arrive point encore assez vite à Francfort, les agens du Gouvernement Britannique tirent depuis cette ville sur les banquiers du Ministère à Londres, à raison de 120 batz. ou 8 florins la livre sterling, et vendent leur papier contre

argent aux banquiers de Francfort ; ceux-ci
le revendent aux banquiers de toutes les
autres nations qui négocient avec l'Angleterre , et ces derniers à tous les marchands
qui achètent d'elle. Les marchands après
avoir alloué deux ou trois pour cent de
commission ou provision aux banquiers entre
les mains de qui ont passé les lettres de
change qu'ils achètent , ont encore un profit de dix pour cent , lorsqu'ils payent avec
ce papier les marchandises angloises. Le
cours des effets sur Londres baisse dans
toute l'Europe ; 110 liv. à Londres ne valent
pas plus que 100 livres partout ailleurs , et
que 97 liv. à Francfort. Le marchand anglois cependant n'augmente point son prix ,
parce que le Gouvernement lui paye indirectement la différence qu'il perd , mais le
marchand étranger qui veut vendre en Angleterre , et qui y vendoit avant la guerre ,
s'il n'augmente pas son prix en raison de la
différence survenue dans le change , perd
réellement 10 p. $\frac{o}{o}$ sur sa marchandise, car la
somme payée à Londres n'estpoint ce qui lui
importe; tout ce qu'il considère c'est la

somme qui lui est livrée dans la ville d'où il fait son envoi. Ainsi tous les marchands qui de la Silésie et du Nord de l'Allemagne envoient des toiles à Londres, tous ceux qui de Riga et des ports de la mer Baltique y envoient des bois de construction, des chanvres, etc. renchérissent le prix de leurs marchandises en raison de la guerre, tandis que l'Anglois ne peut renchérir le prix des siennes. Cependant le numéraire de l'Angleterre n'éprouve pas de variation sensible, mais une circulation rapide s'établit autour de Francfort, à peu près comme celle d'un jet d'eau qui s'alimente de l'eau même qu'il a répandue : le sacrifice pécuniaire qu'a fait le Gouvernement Britannique a mis la machine en jeu, et lui conserve son mouvement.

L'on a considéré l'augmentation de l'exportation comme un avantage que la guerre procuroit à la nation Angloise, il s'en faut bien cependant que c'en soit un. D'une part le capital qui est exporté, et qui l'est toujours en dernière analyse sous la forme de marchandises, est perdu sans retour pour

l'État ; il doit subvenir au dehors aux dépenses des armées , ou aux subsides accor-
dés à d'autres Puissances, et il n'en revien-
dra jamais rien ; cependant comme l'on
présume que ce sacrifice est fait pour la
défense ou l'honneur de la nation , c'est à
l'homme d'État à juger , s'il est nécessaire.
Reste à savoir d'autre part , si les moyens
mis en œuvre pour procurer de l'argent ,
compensent , comme on le suppose, l'inconvénient de l'avoir dépensé; rien moins que
cela. Le capital mercantile rapportoit auparavant un certain profit , que pour simplifier nous évaluerons à 10 p. $\frac{0}{0}$; le Gouvernement en perdant 13 p. $\frac{0}{0}$ sur l'exportation de toute marchandise payable à
Francfort, a attiré vers ce commerce particulier une portion considérable du capital
mercantile , qui étoit employée utilement
ailleurs , et toute cette portion du capital
n'ayant plus fait d'autre profit que la perte
du Gouvernement , est devenue infructueuse
pour la nation , quoique le marchand en
retire toujours le même avantage ; c'est
donc autant de perte à ajouter à la dépense

de la guerre. Le bon marché des productions angloises, a bien à la vérité engagé les marchands continentaux à acheter plus qu'il ne falloit pour fournir au Gouvernement la somme demandée ; mais pour tout ce qu'ils ont payé avec leurs propres denrées, le renchérissement de celles-ci a compensé le bénéfice que cette augmentation du nombre des acheteurs pouvoit procurer aux Anglois. Il n'y a qu'un seul cas où ceux-ci peuvent faire un bénéfice réel, c'est lorsqu'ayant vendu à crédit, la paix s'est faite avant qu'ils aient été payés, car alors, le retour du change au pair, s'il y revient, augmente de 10 p. $\frac{0}{0}$ la valeur de leurs créances sur l'étranger.

CHAPITRE

CHAPITRE VIII.

Rapidité comparée de la circulation de la richesse mobiliaire.

Ce n'est point, comme nous venons de nous en convaincre, le rapport entre les importations et les exportations, qui constitue l'état prospère ou adverse du commerce chez une nation ; le rapport entre le travail fructueux entrepris, et le travail dont les fruits ont été consommés, détermine seul la balance entre les revenus et les dépenses de la société. C'est là seulement qu'il faut chercher les indices de l'augmentation ou de la diminution de la fortune publique, tous les autres signes qu'on a cru pouvoir saisir ne sont exacts et concluans, qu'autant qu'ils sont des conséquences plus ou moins rigoureuses, et plus ou moins immédiates, de cette proportion essentielle.

Tome I.   P.

Le travail fructueux, ainsi que nous l'avons dit plusieurs fois, ne s'entreprend qu'autant qu'un salaire nécessaire met en mouvement l'ouvrier productif. Ce salaire est composé de la partie matérielle circulante et mobiliaire de la richesse nationale, que les ouvriers appliquent immédiatement à leur usage, et dont la possession ou la consommation leur est indispensable pour vivre et pour travailler ; l'aliment, le vêtement, le logement, les outils, et non point l'or qui achète toutes ces choses, constituent réellement le salaire nécessaire des ouvriers.

La quantité de mobilier circulant qu'une nation possède, dépend de son état actuel de richesse ; la proportion entre la partie de ce mobilier qu'elle emploie au salaire nécessaire, et celle qu'elle dissipe, dépend de sa sagesse et de son économie ; enfin l'effet qu'elle peut produire, et le travail qu'elle peut animer, avec une portion égale de richesse, et une somme égale de salaire nécessaire, dépendent du plus ou moins de rapidité de la circulation de cette richesse.

Nous avons déjà vu que la somme du

mobilier circulant déterminoit le besoin de numéraire, que ce même mobilier comprenoit les fruits du capital fixe, et payoit les intérêts du capital immatériel, en sorte qu'il étoit nécessairement en rapport avec toutes les parties de la richesse nationale. Nous avons vu aussi que de deux nations également riches, l'une pouvoit être animée par une économie active et industrieuse, l'autre pouvoit s'abandonner au luxe, à la mollesse et au désœuvrement; que la première accroîtroit sans cesse son salaire nécessaire, son travail, et ses revenus, tandis que la seconde verroit déchoir les uns et les autres. Il ne nous reste donc plus pour connoître ce qui peut influer sur la quantité de travail produit, qu'à comparer les divers degrés de rapidité de la richesse circulante, et à rendre compte des différens effets qu'ils produisent sur l'activité des ouvriers.

C'est, comme nous l'avons vu, le caractère distinctif du travail productif, que de laisser après lui, des traces matérielles susceptibles d'être échangées contre une valeur supérieure à celle qui a été consommée pour le faire.

P 2

Dès que l'on prend le tems en considération, plus cet échange est répété souvent,
plus un seul capital, après avoir passé du
producteur au consommateur est revenu
souvent au premier, dans un espace de tems
donné, et plus ce seul capital aura pu produire d'ouvrage.

Supposons un homme qui dispose d'une
masse de subsistance suffisante pour maintenir trente mille ouvriers pendant un jour;
si l'ouvrage auquel il veut les employer est
tel qu'il puisse être accompli et échangé
contre de la nouvelle subsistance dans l'espace d'un mois, il est clair qu'il pourra
tenir habituellement à ses gages mille ouvriers, parce que vendant chaque jour le
produit du travail de ces mille ouvriers, il
renouvellera constamment son fonds, de manière qu'il devra lui suffire pour maintenir
toujours le même nombre d'hommes à perpétuité : ses ouvriers feront donc pour lui
dans une année 365000 journées de travail.
Qu'un autre homme dispose précisément de
la même quantité de subsistance, mais que
le genre d'ouvrage qu'il entreprend soit tel

qu'il faille une année révolue pour qu'il en échange les fruits contre de nouvelle subsistance, comme il arrive, par exemple, à l'agriculteur, il ne pourra payer en tout que trente mille journées d'ouvriers pendant le cours de l'année, ou l'un portant l'autre, il n'aura à son service que quatre-vingt-deux ouvriers et une fraction chaque jour. Il est donc clair que le premier fera dans un tems donné douze fois plus d'ouvrage avec le même capital que le second (1).

Nous avons comparé aux semences du laboureur le capital circulant employé comme salaire nécessaire; la nation dont le capital circule avec assez de rapidité pour revenir plusieurs fois dans l'année à celui qui le premier l'a mis en mouvement, est dans la même situation que le laboureur de ces climats heureux, qui peut demander successivement à la même terre, trois ou quatre récoltes dans la même année.

---

(1) Nous négligeons dans ce calcul de tenir compte des jours de repos, qu'il faudroit déduire de part et d'autre.

Ce n'est pas seulement la rapidité du retour du salaire nécessaire qu'il faut considérer, mais la circulation totale du capital, car l'entrepreneur d'un ouvrage ne pouvant point changer la proportion courante entre le salaire nécessaire et le superflu; non plus que celle entre la partie du capital qui paye le salaire, et la partie qui fournit des matières premières, des outils, etc. ne peut rappeler ses travailleurs à l'ouvrage, que quand la totalité de son capital lui est rentrée; la mesure commune de tous les capitaux étant le numéraire, ceux qu'un entrepreneur destine à un certain ouvrage sont représentés avec exactitude par leur rapport avec une somme numérique, quoique l'or et l'argent ne soient point nécessaires à leur circulation qu'ils ne font que faciliter; on dira donc qu'une manufacture demande un capital de cent mille écus, plutôt que de trois cent mille journées de travail, parce que ce travail, ni la subsistance qui le commande, ne suffisent point pour mettre la manufacture en mouvement, et qu'il faut beaucoup d'autres choses dont l'argent est la mesure commune, choses qu'il procure, bien qu'il ne les remplace pas.

Cependant la circulation n'est point achevée lorsque le producteur a vendu sa marchandise, et a changé son capital contre de l'argent, avec lequel il peut recommencer le travail ; elle est bien complète pour lui, mais elle ne l'est pas pour la nation dans le sein de laquelle elle s'opère : Une vente, nous l'avons déjà observé, n'est que la moitié d'un troc ; or la circulation n'est réellement accomplie que quand le troc est achevé, et que le consommateur a appliqué à son usage la chose produite, après se l'être procurée en échange d'une autre qu'il a produit lui-même, ou fait produire. Tant qu'une chose n'est point appliquée à son usage par le consommateur, le capital qui l'a produite existe toujours en elle ; ce n'est donc pas le même capital, mais un nouveau, qui retourne entre les mains de l'entrepreneur, et donne de l'activité à son travail. L'existence de ce nouveau capital est due, comme nous le verrons bientôt, à la division des

capitaux nationaux, dont une partie qui
demeure entre les mains des marchands,
est destinée à remplacer alternativement
tous les capitaux des producteurs.

Il faut remarquer que je prens ici le mot
de circulation dans son sens le plus strict;
Herrenschwand a observé avec raison, (Écon.
polit. et mor. vol. II. p. 112) que ce mot étoit
employé improprement toutes les fois qu'il
ne désignoit pas un mouvement qui rame-
nât en se terminant la chose circulante à
la place d'où elle étoit partie lorsque le
mouvement avoit commencé. C'est précisément ce qui arrive au capital circulant, il
décrit toujours un cercle, et revient toujours
entre les mains de son premier propriétaire,
lequel lui a donné l'impulsion; et c'est ce
qui n'arrive jamais au numéraire, qui peut
passer de mains en mains sans jamais revenir à celles de son premier détenteur. J'ai
cependant désigné par le même mot, la circulation incomplète de ce dernier, l'usage
m'autorisant à le faire.

L'avantage que l'entrepreneur d'une fabrique trouve au travail qu'il dirige, est ce

que nous avons déjà désigné sous le nom
de profit mercantile ; il fait partie du prix
de la chose produite ; mais l'avantage qui
résulte pour la nation d'un travail fructueux
est égal à la totalité du prix de la chose
produite , car ce prix se divise tout entier
en salaire nécessaire, salaire superflu, profit,
et rente ; il remplace le capital qui doit animer l'industrie , et paye leur revenu à toutes
les classes de la société. On comprend d'a-
près cela que deux capitaux dont l'un cir-
culeroit lentement , et l'autre rapidement ,
pourroient donner le même profit à leurs
propriétaires , mais qu'il est impossible
qu'ils donnent le même revenu à la société.
Supposons en effet deux fabricans de toiles
établis dans la même ville , qui tous les
deux possèdent un capital de cent mille fr.
et l'emploient tous les deux en entier à leur
commerce. L'un des deux vend ses toiles en
Amérique , avec un bénéfice de vingt - cinq
pour cent , mais soit à cause de l'éloignement , ou à cause du besoin de capital en
Amérique , il ne peut être payé et recommencer l'ouvrage qu'au bout de deux ans.

Il sait que c'est une conséquence d'un pareil commerce, et pour n'avoir jamais besoin de fermer son atelier en attendant des remises, il ne consacre que 50,000 francs chaque année à produire, et son profit annuel est de 12,500 francs. Son confrère au contraire vend à sa porte les toiles qu'il fabrique, et dont la consommation se fait toute dans l'intérieur : il ne gagne à la vérité que deux et demi pour cent dessus, mais il est payé comptant, et avant trois mois la circulation de son capital s'est opérée, en sorte qu'il a pu recommencer l'ouvrage, et que dans l'année il a fabriqué pour 400,000 fr. de toiles, et obtenu un profit de 10,000 fr. Quoique l'un des deux prenne sur la même marchandise un bénéfice dix fois plus fort que l'autre, ces deux commerces paroîtront également avantageux aux négocians qui s'y livrent, parce que leurs profits ne seront entr'eux que comme cinq est à quatre, et que cette différence ne sera considérée que comme une juste compensation de l'inquiétude que cause toujours l'éloignement du marché. Mais pour la nation, il y aura bien une autre différence entre ces deux commerces ; car l'intérieur lui procurera pour 400,000 fr. de productions, et l'extérieur seulement pour 50,000. Dans ce cas-ci cependant, comme dans tous les autres, lorsque le commerce est libre, l'intérêt du particulier est le même que l'intérêt général; il ne conviendroit pas à la nation, pour avoir un produit beaucoup plus grand, de renoncer à tous les commerces où le capital circule lentement; l'agriculture elle-même se trouveroit comprise dans cette proscription, quelque nécessaire qu'elle soit à la prospérité publique. Les bénéfices que procure chaque branche d'industrie, se proportionnent naturellement au besoin qu'en a le peuple, et pour que le capitaliste reste attaché à celles où la circulation est plus lente, le consommateur qui a besoin de lui, consent à lui céder de plus grands profits. Mais il faut seulement en conclure, que c'étoit une politique bien fausse que celle qui altéroit cet équilibre naturel en accordant au commerce extérieur dont les retours sont fort lents, des faveurs plus importantes qu'au commerce intérieur, celui de tous qui avec le même capital, donne à la nation le plus grand revenu.

Un capital destiné à animer un travail productif peut-être considéré comme étant toujours le même, depuis le moment de la production, jusqu'à celui de la consommation de la marchandise. Supposons, par exemple, qu'un seul capital de cent mille écus fut employé dans la manufacture des draps ordinaires de Chalabre, (département de l'Aude), destinés à la consommation intérieure : l'échange ne sera vraiment accompli que lorsque le drap vendu par le fabricant, sera parvenu au cultivateur, et aura été payé par celui-ci en blé et vin produit de son travail, de sorte qu'une même valeur soit rentrée entre les mains du premier et qu'il puisse recommencer. La partie des cent mille écus qui paye le salaire nécessaire, mettra donc en mouvement l'industrie du fabricant de Chalabre, et celle du paysan Languedocien, tandis que le reste deux fois reproduit par l'un et par l'autre, procurera deux fois leur salaire superflu leur profit et leur rente aux trois classes productives, formera enfin deux fois le revenu de la société; car il y a toujours dans tout commerce, double production, dont la seconde est destinée à payer la première. S'il y avoit consommation sans reproduction d'égale valeur, le capital s'épuiseroit, et le travail seroit arrêté; un homme ne peut pas plus toujours acheter qu'un autre toujours vendre; il faut que de son côté il produise ou fasse produire, il vende ou fasse vendre, afin de se procurer l'argent nécessaire à ses achats. Son revenu procède ou de son propre travail, ou du profit de son capital, ou de la rente de ses terres, ou de la part qu'il obtient au travail des autres comme appartenant à la classe improductive; il est donc toujours en dernière analyse fondé sur le travail; tout consommateur n'achète donc que parce qu'un travail fait par lui ou par d'autres le met en état de le faire; toute vente suppose donc une autre vente pour compléter le troc entre le produit de deux travaux simultanés, tandis que pour l'entrepreneur, elle fait partie du troc entre les produits de deux travaux successifs.

Mais si le même capital devoit sans remplacement faire mouvoir les bras de deux classes d'ouvriers productifs, en passant alternativement de l'une à l'autre, la circulation seroit infiniment lente, il faudroit au moins deux ans avant que le fabricant de draps fût payé et pût recommencer l'ouvrage. Ce capital s'est donc divisé entre les mains de tous ceux chez qui il devoit passer ; ses propriétaires qui recherchent toujours leur plus grand avantage, ont opéré d'eux-mêmes et tout naturellement cette division. Une partie de la richesse mobiliaire s'est arrêtée entre les mains du fabricant de Chalabre, une autre entre celles du fermier Languedocien, et une troisième entre celles d'un ou de plusieurs commerçans, qui distribuent les produits de l'un ou de l'autre. Le fabricant n'a pas plutôt fini son drap, qu'il trouve le marchand prêt à s'en charger, et à remplacer son capital par le sien, de sorte qu'il peut immédiatement recommencer l'ouvrage ; le fermier n'a pas plutôt produit son blé, qu'un marchand s'en charge, et remplace égale-ment son capital ; enfin le marchand lui-même distribue et le blé et le drap aux consom-mateurs selon leurs besoins, et reçoit de ceux-ci une portion de leurs revenus, qui pour lui devient un capital, et sert à rem-placer celui qu'il a avancé au fabricant et au fermier ; chacun d'eux voit rentrer plus souvent ses fonds entre ses mains sous la forme de numéraire, chacun d'eux se bor-nant à une seule profession, l'exerce avec plus d'intelligence et de profit, mais la somme de leurs opérations est la même que nous avons d'abord supposé faite par un seul homme, la somme de leurs capitaux est dans la même proportion avec celle de leurs opérations, et cette somme maintient toujours deux travaux productifs, tandis que chacune de ses fractions remplace al-ternativement deux capitaux actifs.

Nous avons supposé pour simplifier que le fabricant étoit le consommateur des den-rées du paysan, tandis que le paysan étoit le consommateur des étoffes du fabricant, et dans ce cas le capital du fabricant s'échange tour à tour avec celui du marchand de draps, et celui du marchand de denrées ; au premier il donne des étoffes , au second de l'argent ; les capitaux des deux marchands remplacent tour à tour ceux du fermier et du fabricant , et celui du fermier remplace tour à tour ceux des deux marchands. Il n'arrive jamais cependant que deux classes d'ouvriers se correspondent avec cette précision , d'où il résulte que le capital du marchand de denrées est remplacé maille à maille par les revenus des consommateurs; et sous cette dénomination il faut comprendre toutes les classes de la société. Lorsque ces consommateurs sont des ouvriers productifs , ils remplacent ce qu'ils achètent par un capital, car c'est sous ce point de vue qu'on doit considérer leur salaire nécessaire ; les autres consommateurs achètent en général les denrées et marchandises avec leur revenu, qui se trouve alors remplacer un capital , tandis que d'autre part le capital approprié au salaire nécessaire de l'ouvrier productif remplacera leur revenu. Il arrive quelquefois aussi

aussi que le consommateur est un dissipateur, qui achète ce dont il a besoin avec son capital qu'il détruit, ou qu'il l'achète avec les capitaux d'une nation dissipatrice, qu'il contribue pour sa part à détruire.

On pourroit encore avec plusieurs auteurs ne considérer comme remplacement de capital, que celui qui se fait en numéraire, ce qui arrive de deux fois l'une, celui qui donne de l'argent devant en recevoir ensuite, pour pouvoir en donner de nouveau. Il est pourtant plus exact de dire que tout commerce fournit toujours à la fois à deux consommateurs ce qu'ils veulent employer à leur usage, à l'un en nature, et à l'autre en argent qui lui sert à se le procurer. Or l'ouvrier productif à qui on le fournit en nature, est aussi bien mis en mouvement par là que celui à qui on le fournit en argent; ce sont donc toujours deux impulsions données, deux capitaux remplacés.

Les draps de Chalabre que nous avons pris précédemment pour exemple, se débitent tous dans le pays où on les a fabriqués; le capital qui les fait produire, anime en

Tome 1. Q

même tems une autre industrie nationale
pour les payer ; son effet est donc double
dans le Département de l'Aude, ou dans les
Départemens voisins , et les marchands qui
les débitent remplacent toujours alternativement deux capitaux françois. Tout auprès
de cette manufacture en existoit autrefois
une autre beaucoup plus brillante , celle de
Carcassonne, qui fournissoit avant la révolution 56 mille pièces de drap par année. C'é-
toient les plus beaux du midi de la France ,
et cette manufacture importante, qui ne produit plus que le quart de ce qu'elle faisoit
autrefois, excitoit tout l'intérêt du Ministère.
Elle l'excitoit surtout , parce que les draps
qui en sortoient se vendoient presque tous
à l'étranger, et augmentoient par conséquent,
disoit-on, la richesse nationale , en assurant
des balances de commerce favorables. Sous
ce rapport-là précisément , la fabrique de
Carcassonne étoit de moitié moins importante que celle de Chalabre. Le capital employé dans la première animoit bien deux
industries, l'une pour produire l'étoffe , et
l'autre pour la payer ; mais l'une seulement

de ces deux industries étoit françoise, l'autre
étoit celle des Levantins. En effet, le négociant de Marseille qui se rendoit l'entremet-
teur entre le fabricant de Carcassonne et le
marchand des Echelles, remplaçoit alternativement, toujours avec un capital françois,
le capital de l'un et l'autre; et si l'on ne
veut considérer que l'argent, tantôt il payoit
le fabricant de Carcassonne pour ses draps,
tantôt le marchand de Smyrne pour son
huile, son riz, et son café; tandis que son
argent lui étoit remboursé par le consommateur des deux nations. Le profit de son
commerce pouvoit être le même, ou pouvoit être plus grand que celui d'un commerce
intérieur; mais l'avantage pour la nation
étoit infiniment moindre, car la somme qu'il
auroit employée à remplacer deux capitaux
françois, auroit par chaque circulation fait
travailler deux fois plus, et augmenté deux
fois plus la richesse nationale, que la même
somme lorsqu'elle ne mettoit qu'un seul travail français en mouvement : à quoi il faut
ajouter encore, que les retours d'un commerce au Levant étant infiniment plus tar-

Q 2

difs, il auroit fait circuler trois ou quatre fois son capital en France, avant que d'être payé d'un seul envoi fait à Smyrne.

Si l'on pouvoit une fois se convaincre que l'argent n'est pas la seule richesse d'une nation ; que toutes les fois qu'elle possède en abondance des marchandises et du travail accumulé, elle trouve facilement du numéraire ; que comme qu'elle fasse, ce dernier ne s'accumulera pas chez elle, et que s'il le faisoit ce seroit pour sa ruine ; qu'enfin elle s'enrichit toutes les fois que les produits de l'agriculture et de l'industrie augmentent ; on comprendroit qu'elle n'a point besoin pour cela des étrangers, et l'on ne s'étonneroit pas d'une chose toute simple, savoir : que le commerce faisant l'avantage tant de l'acheteur que du vendeur, il soit deux fois plus profitable à la nation lorsque l'une et l'autre de ces deux personnes lui appartiennent, que lorsque l'une des deux est étrangère.

CHAPITRE IX.

Direction naturelle des capitaux.

Nous avons vu que le capital accumulé étoit nécessaire pour mettre en mouvement un travail productif, et qu'il étoit également nécessaire aux propriétaires de ce capital de le faire travailler pour qu'il devînt fructueux pour eux. Nous avons vu encore que pouvant maintenir à leur choix la classe d'ouvriers, qu'ils croyoient la plus profitable, les capitalistes lorsque le commerce étoit libre, réduisoient tous les genres d'industrie au même niveau d'avantages. Il ne nous reste plus qu'à examiner comment une nation pauvre, avec un capital donné qui s'accroît progressivement par l'économie et la liberté du com-

merce, parvient successivement à faire végé-
ter tous les différens rameaux de l'industrie
nationale.

Ce n'est pas qu'un pays puisse ou doive
ambitionner de réunir tous les genres de
productions; il y en a pour lesquelles le climat, la position, le génie des habitans sont
plus propres; les États qui ne pourroient
lutter contre ceux - ci qu'avec désavantage
doivent leur abandonner une industrie qui
ne leur convient pas. C'est aussi ce qui arrive, à moins que le Gouvernement n'inter-
vienne pour changer l'ordre naturel des choses; le négociant s'en tient aux manufactures où il peut faire valoir son capital avec
avantage ; jamais il n'en établit une qui ne
lui rende pas le profit juste et raisonnable
qu'il peut attendre de toute autre ; or ce profit il ne peut l'espérer, si les produits de ses
ateliers sont inférieurs en qualité ou supérieurs en prix à ceux des peuples que leur
position appelle à faire plus avantageusement
le même commerce.

Tant qu'une nation n'a pas des capitaux
très considérables, et ce doit être le cas de

la France, après une guerre ruineuse, une révolution désastreuse, et un système de finances aussi destructeur que celui des assignats, elle ne peut pas produire de tout. La consommation d'un pays vaste et peuplé requiert une production prodigieuse ; mais c'est pour celle des objets de première nécessité que l'on ressent le besoin le plus pressant d'ouvrage, aussi l'industrie à laquelle elle est due offre-t-elle un profit plus considérable, attire-t-elle plus puissamment les capitaux, et affame-t-elle toute autre industrie moins féconde.

Ce sont les marchandises les plus volumineuses qu'il devient le plutôt profitable de produire sur les lieux où elles doivent se consommer, parce que c'est celles que le transport renchérit le plus. Si nous devions tirer notre blé et notre bétail du pays d'où nous tirons nos épiceries, à quel prix prodigieux ne nous reviendroient-ils pas ? L'intérêt de la nation, celui du consommateur et celui de chaque capitaliste, exigent donc que les premiers capitaux disponibles soient employés à l'avancement de l'agriculture.

Q 4

Plus on consacre de capitaux à la culture
de la terre, plus on peut augmenter ses produits ; quand on considère tout ce que le
maraicher retire de son sein, on croiroit à cet
égard ses facultés infinies. Tous les capitaux
que possède aujourd'hui la France, ne suffiroient pas pour porter son agriculture au
terme de prospérité le plus élevé auquel elle
puisse parvenir. Mais ce n'est point à présent
qu'une pareille masse de capitaux peut être
employée au service de l'industrie rurale ;
quand celle-ci en a absorbé la partie absolument nécessaire pour la nourriture de la
population actuellement existante, on n'obtient plus des profits si considérables en consacrant de nouvelles richesses à fertiliser la
terre, et les autres branches d'industrie réclament celles qui restent, par l'offre de profits proportionnés à l'importance de chacune.
Lorsque la population et la richesse s'accroissent, le moment vient de nouveau de
faire de plus grands sacrifices pour tirer plus
de fruits de la terre, et l'augmentation de
son produit brut marche d'un pas égal avec
le perfectionnement des autres arts utiles.

Les capitaux qui lors des premiers développemens de l'industrie ne sont pas absolument nécessaires à l'agriculture , sont récla-
més par celles d'entre les manufactures de
nécessité première dont les produits ne peuvent presque pas supporter les frais de transport : de ce nombre sont plusieurs d'entre
les étoffes qui servent à l'habillement des
pauvres , comme aussi les meubles , et presque tous les outils d'agriculture.

Si le pays n'a de capitaux que précisément
ce qu'il lui en faut, pour mettre en mouvement ses laboureurs , ses artisans, et les fabricans des marchandises les plus volumineuses , il faudra qu'il attende avant d'entreprendre rien d'autre, que ses capitaux aient
été multipliés par son travail , et par l'économie que chaque classe de la société pourra
faire sur son revenu. Car il n'est pas douteux que si dès cette époque, il entreprend
quelqu'autre ouvrage , il faudra pour mettre
ses nouveaux ouvriers en mouvement , qu'il
ôte aux anciens et aux plus nécessaires une
partie de leur subsistance, et qu'il ferme
leurs ateliers : Ce renversement de l'ordre

naturel n'aura jamais lieu de lui-même , les
ouvriers les plus nécessaires étant ceux pour
lesquels le consommateur fait le plus de sacrifices et auxquels il accorde les plus gros
profits ; mais il peut résulter de l'impéritie
du Gouvernement, si pour favoriser une nouvelle manufacture , celui-ci fait en sa faveur
avec les revenus de la société des sacrifices
plus grands encore que ceux que faisoit le
consommateur. Nous verrons dans les livres
suivans tous les maux qui résultent d'une
faveur si impolitique ; nous pouvons cependant, d'après ce que nous avons déjà dit ,
prévoir dès à présent les suivans : 1°. D'entre
les ateliers les plus nécessaires à la nation ,
plusieurs seront fermés faute de capitaux ,
et plusieurs d'entre les ouvriers qui ne seront
pas propres à l'industrie nouvelle perdront
ainsi leur gagne-pain. 2°. Ceux des consommateurs qui malgré le sacrifice qu'ils étoient
disposés à faire , ne trouveront plus dans le
pays les objets de première nécessité qu'il
leur convenoit d'y faire fabriquer , seront
obligés de faire un sacrifice plus grand encore pour les tirer du déhors. 3°. La perte

qu'aura faite le Gouvernement pour établir la nouvelle manufacture, sera supportée par les revenus nationaux, et cette dépense sera encore augmentée par les frais du Gouvernement, soit pour lever l'impôt, soit pour appliquer son produit. Le revenu national sera donc diminué de tout celui qu'auroient donné les ateliers qu'on a fait fermer, de tout celui que sacrifie le consommateur pour y suppléer, et de tout celui qu'on ôte au contribuable au delà de ce qui parvient au nouvel artisan. Voilà les moindres pertes qui puissent résulter d'un monopole, nous verrons par la suite qu'il en cause souvent bien davantage.

Si le Gouvernement n'intervient point pour changer la marche naturelle des capitaux, ils donnent le profit le plus considérable qu'ils puissent donner, et les consommateurs font pour se procurer ce dont ils ont besoin le moins de sacrifices qu'ils puissent faire, eu égard à l'état du pays qu'ils habitent. Les revenus sont donc d'une part les plus forts possibles, de l'autre, ceux à qui ils appartiennent peuvent les employer avec le plus grand avantage possible, en sorte que tous les citoyens se trouvent dans la position la plus favorable pour faire des économies, et augmenter leurs fonds d'une partie de leurs revenus ; aussi plus la société est libre de toutes les entraves que le Gouvernement peut mettre au commerce, et plus rapidement ses capitaux s'accroissent. A mesure qu'ils multiplient, on voit mettre successivement en œuvre par des fabricans nationaux les divers objets de première et de seconde nécessité, ceux qui ne sont qu'utiles, enfin ceux qui n'appartiennent qu'au luxe, parce que les consommateurs trouvant en plus grande abondance les objets de première nécessité, ne sont plus disposés à faire de si grands sacrifices pour se les procurer, et n'offrent plus à ceux qui les produisent des profits supérieurs à tous les autres. Alors les étrangers qui approvisionnoient la nation, se trouvent peu à peu exclus de ses marchés, non point par des loix, mais par la force des choses.

Une manufacture qu'une nation ne pouvoit exercer, devient accessible pour elle

par plusieurs causes, lorsqu'elle s'enrichit :
1.° L'accroissement des capitaux fait baisser
le taux de l'intérêt, le profit du commerce,
et par conséquent le prix des marchandises.
Comment les François, par exemple, ven-
droient-ils leurs étoffes de coton au même
prix que les Anglois ? les premiers veulent
que leur capital leur rapporte le vingt pour
cent par an, parce qu'ils pourroient le gagner dans tout autre commerce, et qu'ils
payent souvent jusqu'à dix pour cent d'intérêt
pour le dépôt qu'ils ont en mains ; les Anglois
se contentent de gagner huit pour cent, parce
qu'au point de richesse où ils sont parvenus,
c'est le taux moyen des profits du commerce :
il faudroit donc pour que le fabricant François vendît au même prix que l'Anglois, que
sa marchandise lui revînt de douze pour cent
meilleur marché qu'au dernier. Mais lorsque
les richesses de la France seront augmentées,
il lui suffira qu'elle revienne au même prix,
pour que le François soit assuré que la
sienne, qui n'est chargée d'aucuns frais de
transport, exclura celle des Anglois de tous
les marchés de son pays. 2.° Le taux élevé

de l'intérêt et du profit mercantile n'affectent pas moins le prix de la matière première que celui de l'ouvrage achevé ; ce profit est de la nature de l'impôt fameux d'Espagne nommé *Alcavala*, qui se répétoit à chaque vente successive, il se multiplie par le nombre des marchands entre les mains desquels a dû passer la marchandise avant que d'être achevée. Une pièce de coton, par exemple, a dû payer double profit au commerçant de Marseille, qui a importé la matière première ; autant au chef de la filature, au fabricant, et au marchand détailleur ; or chaque fois ce doublement s'est prélevé sur toute la somme. Quand le salaire des ouvriers devient plus élevé, le prix de leurs produits n'est accru qu'en raison du nombre de journées de travail auxquelles ce produit est dû : l'augmentation des profits élève le prix de l'ouvrage dans une proportion géométrique, et celle des salaires seulement dans une proportion arithmétique. 3.º Lorsque les capitaux commencent à se multiplier, les capitalistes trouvent moins de facilité à les employer ; ils sont obligés de chercher des voies nouvelles pour les faire valoir, de surprendre le secret des fabricans étrangers, ou d'en découvrir de supérieurs aux leurs. Il s'établit donc une émulation d'industrie au profit du consommateur, qui tend toujours à tout produire à meilleur marché, et à perfectionner toutes les machines. 4.° Enfin la rapidité de l'exécution, et par conséquent son bon marché, dépendent en grande partie de la division du travail, de telle sorte que chaque ouvrier, ou chaque classe d'ouvriers, ne soit chargée que d'une seule opération la plus simple possible. Dans les villes où il n'y a, qu'un capital peu considérable destiné à l'horlogerie, le même ouvrier fait toutes les parties d'une montre; à Genève où ce capital s'élève à cinq ou six millions, il se divise entre plusieurs marchands et fabricans, dont chacun se limite à une seule opération. Il seroit impossible d'établir ailleurs une fabrique d'horlogerie, qui travaillât aussi bon marché que celle de Genève, si l'on ne lui destinoit en même tems un capital assez considérable, pour que divisé

entre cinquante chefs d'atelier, il suffit à
entretenir chacun d'eux toute l'année, en ne
l'occupant que d'une seule des opérations
de cette fabrique.

Cet accroissement des capitaux qui est
presque toujours la cause première de l'établissement d'une nouvelle manufacture, et
du bon marché de ses productions, a cependant sur quelques autres l'effet tout contraire, celui de les faire fermer, ce sont
celles dans le prix desquelles le salaire
entre pour une plus grande part que le
profit : car plus les capitaux abondent, et
plus luttant les uns contre les autres pour
attirer les ouvriers, ils doivent renchérir
leurs journées. L'on ne peut rien souhaiter
de plus heureux pour une nation qu'une
lutte semblable, puisque son résultat est
l'aisance universelle, celle sur-tout des
hommes qui ne vivent que du travail de
leurs mains. Il y a certaines manufactures
qu'un très petit capital suffit pour mettre en
mouvement, parce que la matière première
est de peu de valeur, et qu'elle en acquiert
une très considérable par le travail d'un
seul

seul artisan. Le point de France et d'Alençon, la dentelle de Flandre et celle de Mirecourt sont des exemples de cette espèce de manufactures; les femmes qui les travaillent ne gagnoient que 25 à 40 centimes par jour suivant leur habileté : si le salaire de ces femmes venoit à doubler, la manufacture ne pourroit probablement plus se soutenir, la diminution du profit d'un seul entrepreneur, ne pouvant suffire pour couvrir le doublement du salaire qui constitue les sept huitièmes du prix de cet ouvrage. Observons au reste que si ce doublement du prix du travail, provient de ce que les impôts ou toute autre cause ont doublé le prix des objets de première nécessité, ce n'est que la valeur nominale du salaire nécessaire qui a augmenté, tandis que sa valeur réelle est restée toujours la même, en sorte que l'aisance des faiseuses de dentelles ne s'est point accrue, et que le revenu de la classe ouvrière de la société n'est pas plus ample qu'auparavant : mais si les objets de première nécessité restant au même prix, les salaires sont deux fois plus élevés, l'augmentation de ceux-ci est le signe d'une plus grande recherche de travail. C'est dans ce cas que la chute de la manufacture de dentelles seroit une preuve de la prospérité nationale , puisqu'elle démontreroit que les artisans gagnent deux fois plus par un autre travail , et que leur salaire superflu ou le revenu de la classe ouvrière est augmenté du double.

Le bas prix de la main d'œuvre permet donc toujours aux pays pauvres de vendre certaines productions à meilleur marché que les pays riches ; aussi l'Angleterre, la nation la plus riche de l'Europe , a-t-elle toujours besoin de celles qui ont moins de capitaux qu'elle, non-seulement pour les productions qui ne sont pas propres à son climat , mais encore pour celles dont le prix est surtout composé de main d'œuvre ; tandis qu'elle peut vendre meilleur marché que toute autre nation celles dont le prix est surtout composé de profit ; elle tire des dentelles et des toiles de la France et de l'Allemagne , de la bonnéterie de l'Ecosse , et elle distribue des étoffes , de la quincaillerie , et des marchandises qu'elle a importées des Indes, et non ouvré elle-même, à tout l'Occident.

Quelqu'accroissement que prenne la richesse nationale, elle n'élèvera jamais les salaires des ouvriers jusqu'au point de ne plus laisser d'avantage à ceux qui les feroient travailler. Dès l'instant qu'enhardis par la concurrence entre les entrepreneurs de manufactures, les ouvriers formeroient la prétention déraisonnable de priver les capitalistes de tout ou de presque tout profit sur leurs ouvrages, ceux-ci destineroient une assez grande masse de capitaux au commerce étranger, pour laisser un vide dans leur pays, et pour que les journaliers privés d'ouvrage fussent obligés de rabattre de leurs demandes. D'autre part ces ouvriers, pourvu que le commerce et les manufactures soient libres, supposition d'après laquelle nous partons toujours, seront constamment assurés, si leur pays est riche, d'y retenir en modérant leurs demandes, une masse de capitaux suffisante pour animer leur industrie.

R 2

Lorsque les capitaux d'une nation occupent tous ses ouvriers , remplissent tous
les canaux de son industrie , de son agriculture , de son commerce intérieur , et
qu'il en surabonde encore , les capitalistes
qui ne peuvent les laisser oisifs sans perdre
leurs revenus , cherchent à employer utilement le surplus au dehors. Dans les com-
mencemens de la prospérité croissante de
la nation dont nous suivons les développemens, les marchands étrangers apportoient
dans ses marchés les productions étrangères dont elle avoit besoin, et y prenoient
en échange celles qu'elle destinoit à l'exportation. Le capital de ces marchands en remplaçant celui du producteur national,
redoubloit son activité ; mais bientôt les
capitalistes nationaux , ne trouvant plus
assez d'occupation à l'intérieur , veulent partager le profit des importateurs ; au lieu
d'attendre chez eux les marchandises de
l'Amérique ou de l'Inde , ils les vont chercher
dans les contrées qui les produisent et y portent les leurs en échange. Placés plus avantageusement qu'aucun étranger pour acheter

et vendre dans leurs propres marchés , si leur capital suffit pour faire tout leur commerce d'exportation , ils sont assurés de l'attirer à eux tout entier.

Nous supposons toujours une société dont les capitaux sans cesse accrus par l'économie , remplissent bientôt tous les canaux dans lesquels ils coulent. L'agriculture, les manufactures, le commerce intérieur , et celui d'exportation, en ont retenu tout ce qu'ils en peuvent occuper ; il en reste d'autres encore ; certainement leurs propriétaires ne les laisseront pas oisifs ; ils feront des commandites aux marchands étrangers , des prêts aux propriétaires, et aux chefs de manufactures des pays les plus éloignés , ils se présenteront pour tous les emprunts que feront tous les Gouvernemens du monde, eux-mêmes enfin ils entreprendront le commerce de transport de toutes les autres nations, ils approvisionneront les unes aux dépens des autres , et devenus les courtiers de l'univers, ils mettront leurs capitaux au service de tout le monde ; leur pays n'en retirera que le profit , tandis que l'usage en

R 3

sera cédé en entier à des étrangers. Les
Hollandois étoient parvenus à ce faîte de
prospérité, ainsi que quelques peuples plus
petits, et dont l'histoire est moins brillante,
tels que les Genevois, les Neuchâtelois,
les Bâlois: la révolution a englouti les capitaux des uns et des autres ; mais s'ils avoient
continué à multiplier, ils auroient constamment trouvé de l'emploi, et procuré
du profit à leurs maîtres ; car les bénéfices
des capitalistes ne devroient s'arrêter, que
lorsque la totalité de la surface du globe
auroit été portée au plus haut point de
culture dont elle soit susceptible, que ses
produits auroient reçu du travail de l'homme
tout le perfectionnement qu'ils peuvent en
recevoir, et que la population pour les consommer seroit arrivée au point le plus élevé
où elle puisse parvenir. Jusqu'alors il y
auroit toujours quelque part du profit à
faire en faisant du bien, et les capitaux
qui non plus que les capitalistes ne sont
point enchaînés au pays qui les a vu naître, iroient constamment chercher l'avantage du public et le leur, jusquà ce que

ce bien fût opéré : or , comme cette prospérité de la terre entière ne pourroit se
soutenir que par la paix de tout l'univers ,
l'abolition de l'ignorance et de la barbarie ,
et celle de tous les mauvais Gouvernemens
du monde , elle est bien plus reculée dans
le pays des chimères que la paix universelle de l'abbé de St. Pierre. Aussi long-
tems qu'il y aura des despotes sur cette
terre pour détruire le fruit des efforts des
capitalistes , on ne doit point craindre qu'à
force de faire le bien , ceux-ci n'en trouvent
plus à faire.

Revenons cependant à l'accroissement progressif des capitaux ; l'on sent que leur marche, lorsqu'ils vont chercher un emploi plus
profitable dans un autre pays , doit altérer
la balance des importations et exportations.
La nation qui entreprend un commerce
étranger qu'elle n'avoit pas auparavant
devient prêteuse, et pour solder la balance ,
elle reçoit en échange d'un capital qui surabonde chez elle, non pas des marchandises
d'égale valeur , mais des créances. Lorsqu'elle
entreprend le commerce du dedans au dehors,

R 4

elle prête une fois pour toutes la valeur de ses exportations ; ce n'est pas qu'au bout de l'année on ne lui en paye le montant, mais à la même époque elle a déjà fait un second envoi aussi considérable que le premier, en sorte qu'elle est toujours à découvert pour la même somme vis-à-vis de la nation étrangère avec laquelle elle trafique. C'est ainsi que l'Angleterre est créancière de la France pour toute la valeur de ses exportations annuelles, qu'elle fait passer en contrebande des capitaux destinés à mettre en activité le commerce de sa rivale ; et que dans cette lutte singulière, les Anglois trouvent leur intérêt à nous faire du bien malgré nous, tandis que nous employons toutes nos forces pour les en empêcher.

Un François qui n'a absolument point de fonds, s'il peut obtenir du crédit chez les fabricans et les banquiers anglois, n'hésite pas à entreprendre le commerce de marchandises angloises : il achète dans le courant de l'année pour 10,000 sterl. payable dans quatre ou six mois, et il paye chaque envoi l'un après l'autre à l'échéance par

une traite sur son banquier de Londres;
celui-ci lui fait crédit pour un tems au
moins aussi long; le François, à mesure qu'il
fait de l'argent avec sa marchandise, envoie
des remises au banquier, mais en même
tems il tire de nouveau sur lui, et donne
de nouvelles commissions au fabricant, ensorte que, quoiqu'il paroisse payer régulniè-
rement, il peut cependant négocier toute
sa vie, sans avoir d'autre capital que ce
premier emprunt fait pour un an. La régu-
larité de ses payemens augmentera son crédit, il pourra quitter ses premiers marchands
pour s'adresser à d'autres, et sera sûr d'en
être écouté. Les profits de son commerce se
proportionneront toujours à ce capital qui
n'est point à lui, et qu'il paroît ne posséder
que pour un an, tandis que dans le fait le
premier envoi est un prêt fait à perpétuité,
qu'il ne remboursera que lorsqu'il renoncera
au commerce, et qu'il a réellement payé
comptant tous les envois subséquens. Ses
profits ne seront pas le seul avantage qu'en
retirera la nation, elle sera effectivement
enrichie de 10,000 liv. sterling, qu'elle possé-

dera en marchandises de plus qu'auparavant;
ces marchandises ne seront données au consommateur que contre une valeur réelle ;
et comme, à proprement parler, c'est seulement le second envoi de l'Anglois qui est
payé, et que le premier ne l'est jamais,
la valeur de ce premier forme indépendamment du profit du négociant, un capital
de 10,000 liv. sterl. qui, entre les mains d'un
commerçant françois, est nécessairement employé à mettre en activité une industrie françoise, avec laquelle il puisse payer l'Anglois.

Le même commerce que les Anglois font
avec les François, les Genevois l'ont fait
pendant long-tems avec les bijoutiers du
royaume de Naples ; l'effronterie de ces
derniers qui ne consentoient jamais à payer
le premier envoi qu'ils ne tinssent entre
leurs mains le second, ne laissoit point de
doutes sur la manière dont ils se procu-
roient des fonds ; aussi les marchands hor-
logers qui vouloient retirer les leurs de ce
pays-là, étoient-ils obligés d'user de super-
cherie, et d'accepter des commissions qu'ils
n'avoient point dessein de remplir.

Un pareil commerce peut, comme tout autre, être avantageux aux deux nations qui le font ; il ne l'est pour la nation prêteuse qu'autant qu'elle a une surabondance de capitaux, et qu'elle peut en prêter une partie à long terme, ou à perpétuité ; il l'est toujours et dans tous les cas pour la nation emprunteuse. Le vendeur de chaque nation ne prend sur la vente que le profit accoutumé, et la marchandise qui ne pouvoit parvenir au consommateur que par le mouvement simultané de plusieurs capitaux, n'est surchargée que des profits qu'elle doit légitimement payer, en sorte qu'elle lui revient à son prix naturel. Il gagne donc aussi bien que les deux marchands à ce commerce, car la marchandise lui revient à meilleur compte que si elle étoit faite dans son pays : s'il en étoit autrement, il s'y établiroit bientôt des manufactures, qui feroient tomber le commerce étranger. C'est ainsi que quand on laisse le commerce libre, les capitaux prennent naturellement la direction la plus avantageuse à la nation qui les possède, et

qu'après l'avoir servie, ils sont encore utiles
à toutes celles qui ont des relations avec
elle. La direction des capitaux chez elle
est comme on vient de voir, dans les com-
mencemens du dehors au dedans ; les nations étrangères lui prêtent presque sans le
savoir ceux qui sont nécessaires pour rani-
mer son industrie ; mais lorsque celle-ci
augmente, le premier mouvement des capitaux s'arrête, le commerce en est saturé,
bientôt ils prennent la direction contraire,
et plus la prospérité s'accroît, plus rapidement ils marchent du dedans au dehors.

Je sens que pour satisfaire pleinement les
lecteurs françois, il faudroit en terminant
ce livre sur les capitaux, leur présenter
quelque apperçu sur la valeur de ceux de
leur patrie, mais je ne connois aucune base
sur laquelle on puisse s'appuyer pour apporter à un pareil calcul la moindre exactitude. Ce n'est pas que le nouveau traducteur d'Adam Smith et le chef de son
école en France, M.ʳ Garnier n'ait tenté
dans son intéressante préface de tracer un
parallèle entre la richesse de la France et

celle de l'Angleterre, mais loin que son exemple m'inspire la hardiesse de l'imiter, je me crois obligé de contester les principes sur lesquels il se fonde, parce qu'une seule erreur dans ses écrits, venant d'un esprit judicieux et d'un écrivain respecté, a bien une autre importance que tous les faux calculs de ceux qui, écrivant sans réfléchir, dogmatisent sans convaincre.

On ne peut partir avec lui du produit brut de la terre pour calculer la valeur totale de la richesse mobiliaire, qu'autant qu'on convient avec les économistes, que le travail ne fait que changer la forme de ce produit sans ajouter à sa valeur; mais nous au contraire, en développant les principes d'Adam Smith, nous avons reconnu que dans le prix des marchandises se trouvent confondus, non-seulement le salaire nécessaire qui représente à lui seul le produit brut consommé par ceux qui les ont manufacturées, mais encore le salaire superflu, le profit et la rente, qui en augmentent considérablement la valeur : nous avons eu lieu de nous assurer qu'une nation prospé-

rante ne consomme pas si vite, qu'elle produit, et qu'elle dispose en même tems de la
récolte et du fruit des travaux de plusieurs
années ; nous avons vu que les productions
peu altérées par les arts , doivent elles-
mêmes nécessairement être accumulées, puisque le marchand de blé, par exemple, doit
remplacer le capital du fermier par un capital égal ou à peu près à toute la valeur de
sa récolte , afin que celui-ci puisse recommencer ses semailles et ses travaux ; et que
si le fermier lui-même est marchand de blé,
il lui faut deux capitaux , l'un pour attendre
l'acheteur, et l'autre pour continuer son travail, en sorte qu'on doit doubler le produit
brut, afin d'avoir le capital que l'agriculture
fait circuler dans chaque pays. Quant aux
produits des manufactures, la nation possède
souvent en même tems ceux de quatre ou
cinq années , et parmi ceux-là, il en est dont
la valeur est décuple , comme les étoffes de
laine ou de coton ; ou centuple , comme les
marchandises de Sheffield et de Birmingham,
de celle de la matière première, que M.ʳ Garnier prend pour base de son évaluation.

On a, il est vrai, des données un peu plus exactes pour calculer la consommation annuelle, ainsi selon qu'on estime que l'un compensant l'autre, celle de chaque individu françois, arrive à 200 ou à 300 francs, on doit conclure que celle de toute la nation est de six ou de neuf milliards par an; avant cependant que d'établir sur ce premier apperçu un rapport entre le montant de sa consommation et la valeur de son mobilier, il reste à savoir d'une part, si comme il est probable, elle n'en doit pas une partie; de l'autre, si elle dispose en même tems du produit d'une, de deux, ou de plusieurs années. Quand on veut calculer la richesse de l'Angleterre, on est bien plus embarrassé encore; en effet la seule chose que l'on voie clairement, c'est qu'elle dispose en même tems du produit brut d'un plus grand nombre d'années que la France : du reste on ne trouve plus aucun rapport entre sa consommation et sa richesse, parce que faisant à elle seule le commerce de l'Univers presqu'entier, et mettant ses capitaux au service de toutes les autres nations, leur

influence sur l'aisance nationale n'est point en
raison de leur valeur totale, mais seulement
en raison des profits qu'ils rapportent à
leurs maîtres. Aussi tout ce que nous osons
avancer sur le capital circulant, c'est que
celui de la France, proportionnellement à
ses besoins, est infiniment moins considérable que celui de l'Angleterre, quoiqu'il
dépasse de beaucoup, même aujourd'hui, les
limites qu'on lui avoit assignées dans le
tems de la plus grande prospérité du commerce françois, lorsque ne reconnoissant
d'autre capital que le numéraire, on l'éva-
luoit à un, ou tout au plus à deux milliards de livres.

LIVRE

LIVRE SECOND.

DES PRIX.

CHAPITRE PREMIER.

Quelle est l'origine du prix de chaque chose.

APRÈS la formation et la progression des capitaux, la partie de l'économie politique qui paroît exiger de la part du Législateur du commerce les connoissances les plus approfondies, c'est celle qui enseigne à distinguer l'origine du prix des choses, et les causes qui le déterminent. D'une part en effet, le prix, comme base de tous les échanges auxquels on doit l'accumulation de la richesse nationale, influe singulièrement sur le résultat de ces échanges, de l'autre le Législateur peut, même sans le vouloir, altérer les prix de différentes manières, mais presque toujours au désavantage de la société.

Dans ce second livre nous examinerons
quelle est l'origine des différens prix de
chaque chose ; comment on peut les évaluer
de deux manières, en les comparant au
numéraire ou au travail ; quels ils doivent
être pour l'avantage de la nation ; comment enfin la loi influe sur les prix, soit
par des règlemens financiers dont le but
est d'accroître les revenus du Gouvernement,
soit par des dispositions générales, dictées
par quelque système, et destinées à accroître la richesse de toute la nation.

Le prix est en général la quantité d'une
espèce de richesses, à laquelle on estime
qu'une autre espèce de richesses est égale.

Depuis que l'introduction du numéraire
dans les échanges, lui a donné une valeur
à peu près uniforme dans le monde commerçant, on le choisit en général pour
terme de comparaison. Nous examinerons
dans le chapitre suivant les avantages et
les inconvéniens de cette comparaison, mais

dans celui-ci nous en profiterons pour reconnoître les points fixes d'où l'on part pour
déterminer chaque prix.

Quel doit être le prix du vendeur lorsqu'il propose un échange ? certainement il
n'est pas arbitraire, et doit dépendre d'une
certaine valeur intrinsèque de la chose qu'il
offre de céder. Nous avons dit que c'est au
travail des hommes, que nous devons toutes
les choses auxquelles nous reconnoissons
quelque valeur; en suivant depuis sa création
celle dont nous cherchons le prix, nous
verrons en effet à quel travail elle est due,
et contre quel travail exigible on peut à
bon droit l'échanger.

C'est dans les matières premières, qu'il
faut chercher la valeur originale des choses
manufacturées, avant que de la suivre au
travers des différentes gradations par lesquelles elle s'élève; or les productions de
la nature sont toujours la matière première
de toute possession de l'homme : leur valeur
est également née de son travail, mais sans
l'aide de la nature, ce travail eût été impossible.

S 2

Toute matière première que l'homme possède , soit qu'il l'ait recueillie sur la surface de la terre , soit qu'il l'ait arrachée de son sein , ou de celui des eaux , comprend réellement en soi , 1.º Le salaire tant nécessaire que superflu des ouvriers qui l'ont produite , ou appropriée à l'usage de l'homme, tel que l'entrepreneur le leur a payé. 2.º La rente des capitaux fixes employés à sa production , et qui ont aidé par leur accumulation le travail de l'ouvrier. Le rapport de cette rente au capital qui la produit, est déterminé par le rapport moyen entre le profit du commerce et le capital circulant : le capitaliste n'ayant aucun intérêt à faire circuler son capital , plutôt qu'à le fixer , ou *vice versa* , choisit entre ces deux emplois celui qui lui rapporte le profit le plus considérable ; or la concurrence libre entre tous les capitalistes , doit nécessairement produire l'équilibre entre les profits de tous les capitaux. 3.º Le profit que l'entrepreneur doit faire, proportionnellement à la masse de richesse mobiliaire qu'il a avancée aux journaliers , et à la

durée de cette avance. Le rapport entre
ce profit, et le capital sur lequel il est pris,
est fixé dans un tems donné par la concurrence : les capitalistes n'étant pas plus attachés à un genre de production qu'à un autre,
se portent vers celui qui rend davantage,
et rétablissent l'équilibre, ainsi que nous
l'avons vu au livre précédent, en parlant du
profit moyen.

Lorsque le salaire payé est réglé au taux
moyen de ceux que l'on paye dans le même
tems et le même lieu, que le profit et
la rente sont évalués de même, et que
tant le travail que le capital, ont été employés d'une manière aussi industrieuse et
aussi avantageuse qu'on le pratique communément dans un tems et un lieu donné ;
le prix de la matière première, fixé d'après
ces trois bases, est aussi bas qu'il puisse
être ; il ne peut être porté plus bas sans
perte pour les producteurs et les entrepreneurs, et par conséquent sans que ceux-ci
se dégoûtent et quittent le travail. Nous
appellerons prix nécessaire celui d'une matière première qui n'excédera pas cette pro-

S. 3.

portion : étant le plus bas possible, il n'occasionne aucune perte à l'acheteur, et procure cependant aux producteurs les trois
espèces de revenus, un profit, une rente,
et un salaire superflu. Il est très important
de se convaincre que ces trois revenus peuvent exister, sans occasionner aucune perte
à ceux qui les payent.

Nous devons nous rappeler que le travail
de l'homme, avant sa civilisation et l'accumulation de la richesse nationale, ne produisoit que tout juste de quoi pourvoir à
sa subsistance ; mais qu'à mesure qu'un
capital plus considérable l'a fourni de meilleurs outils, qu'un marché plus étendu s'ouvrant devant lui, de nouveaux capitaux
l'ont mis en état de diviser et subdiviser
les professions, il a fait toujours plus d'ouvrage comparativement à celui que ses
seules forces physiques l'auroient mis à
portée de faire, avant l'accumulation des
capitaux. Il existe donc un superflu de production par delà le remboursement du salaire nécessaire de l'ouvrier auquel elle
est due.

Ce superflu peut être évalué en soi-même, ou relativement au revenu qu'il produit, et ces deux évaluations sont fort différentes. En soi-même, il est égal à la différence entre le travail qu'auroit coûté la même production à un homme qui n'auroit point été assisté par l'accumulation du travail antérieur de ses semblables, et le travail qu'elle a coûté à l'ouvrier productif : voilà en effet qu'elle est la quantité dont le perfectionnement du travail enrichit la société. Mais relativement au revenu qu'il produit, il ne faut point l'estimer ainsi, car on ne trouveroit jamais de consommateur qui formât de demande pour un travail aussi énorme, ou qui consentît à le rembourser comme s'il avoit été fait réellement. On ne emanderoit jamais, par exemple, qu'il se fabriquât des épingles, si l'acheteur devoit donner en échange pour les obtenir, les fruits d'un aussi grand travail que celui qui seroit nécessaire à un sauvage pour les faire. Il faut donc que ce superflu se partage entre les consommateurs et les producteurs ; que les derniers offrent aux pre-

miers un assez grand avantage pour les
engager à se charger des fruits de leur industrie, et que les premiers abandonnent
aux derniers un assez grand bénéfice, pour
les engager à appliquer effectivement leur
industrie, et l'accumulation de leurs capitaux, à ce genre de productions : il se fait
donc un partage libre de ce superflu du
travail ; la part la plus considérable est
toujours celle du consommateur, c'est l'accroissement d'aisance que la nation dérive
du perfectionnement de son industrie et de
l'augmentation de sa richesse. La part de
ce superflu qui reste au producteur forme
d'un autre côté le revenu national.

Si le consommateur se refusoit à abandonner au producteur une partie du superflu du travail, celui-ci n'auroit plus aucun
intérêt à employer ses capitaux accumulés
pour augmenter ses productions, et il ne
se feroit plus dans la nation que cette espèce
de travail brut, que faisoient les hommes
dans l'origine des sociétés, et qui ne laisse
aucun superflu. Loin donc que le consommateur eût gagné par son épargne, il per-

droit toute cette partie du superflu dont
il profite dans les échanges ; en sorte qu'il
est de son intérêt de payer toujours assez
de salaire superflu, de profit, et de rente,
pour encourager le travail perfectionné : ce
travail qui lui donne un bénéfice très considérable n'existeroit pas, s'il ne récompensoit
ceux qui augmentent ses effets par l'emploi
de leurs capitaux ; et lorsqu'il traite avec
eux au rabais, qu'il ne leur donne que
le moins dont ils veuillent se contenter
pour le servir, il est clair qu'il ne paye
qu'un prix nécessaire, sans lequel la production seroit arrêtée, et qui par conséquent
ne lui cause point de perte.

Aucune matière première ne peut être
réduite à son prix nécessaire, qu'autant que
la terre ou portion de terre qui l'a produite
n'appartient à personne ; car si cette portion de terre dépend d'un propriétaire
celui-ci n'abandonnera pas gratuitement son
droit sur une partie des produits de sa possession, et l'entrepreneur aura dû lui payer
l'ouvrage de la nature dans la production
de la matière première ; auquel cas il aura

également prélevé son profit sur l'avance
qu'il lui en aura faite. Mais la demande
que fait le propriétaire de terre d'une rétribution que nous avons appelée rente foncière , n'étant pas fondée sur un travail qu'il
ait fait ou qu'il ait à faire , est réglée non
sur son intérêt , mais sur celui des gens
avec qui il traite ; sa demande est proportionnée au besoin qu'on a de lui , et à la
concurrence que lui font ses confrères les
autres propriétaires de terre. Quelque peu
qu'il obtienne , il ne sera jamais en perte ;
mais comme sa terre peut fournir des matières premières d'une nature fort différente,
il se tournera vers ceux qui lui offriront le
plus d'avantages , en échange de la permis-
sion d'en extraire une, ou de les extraire
toutes.

Cette rétribution que le producteur est
forcé de payer au propriétaire de terres, élève
le prix nécessaire ; mais comme elle est une
suite indispensable de l'appropriation des
terres , et comme sans cette appropriation,
il n'y auroit jamais eu de capitaux fixés
pour leur culture , elle se trouve liée au

meilleur ordre de choses possible, à un
ordre qui facilite bien plus le travail, qu'elle
ne renchérit son produit; en sorte que lors
même qu'au prix nécessaire, on a ajouté la
rente foncière, l'acheteur obtient la chose
dont il a besoin au plus bas prix possible,
et quoique ce prix contienne, rente foncière,
rente de capitaux fixes, profit, et salaire
superflu; toutes ces branches de revenu étant
réglées par le taux commun du marché,
n'occasionnent aucune perte au consommateur. Nous appellerons prix intrinsèque celui
qui est composé ainsi.

Parmi les matières premières, les unes
peuvent s'obtenir au prix nécessaire, et les
autres au prix intrinsèque : les premières
sont les produits de la pêche, ceux de la
chasse dans les pays où elle est libre, et
ceux de quelques mines; les secondes sont
les produits de la culture des terres.

Comme il ne résulte aucun avantage pour
la société de l'appropriation des mers, des
rivières, des lacs, et des étangs; ces différentes masses d'eau sont généralement regar-
dées comme la propriété de tous les hom-

mes, et personne n'a le droit d'exiger une
rétribution de ceux qui font usage de leurs
produits : ce n'est pas que sous le régime
féodal, la pêche ne fut fréquemment inféodée, et que le prix du poisson ne fut augmenté de la rente foncière que devoient
payer les pêcheurs au propriétaire ; mais
cette rente étoit une perte pour le consommateur, puisqu'elle ne contribuoit aucune-
ment à augmenter le produit. La pêche en
effet n'est pas plus abondante dans une
rivière inféodée que dans une rivière publique ; mais la récolte est bien plus riche
dans le champ d'un propriétaire que dans
une commune.

D'après les loix de plusieurs pays, celui
qui découvre une mine en acquiert la propriété, ou pour lui, ou pour le Souverain ;
dans le premier cas il est dispensé d'en
payer aucune rente foncière, dans le second
la rente qu'il en paye au Souverain, étant
considérée comme un impôt, est fort modé-
rée. Nous ne considérerons point ici si
cette disposition des loix est juste, on voit
seulement qu'elle doit contribuer à multi-

plier la production des métaux, puisqu'elle réduit les frais d'extraction, du prix intrinsèque au prix nécessaire.

D'autre part tous les produits de l'agriculture doivent payer la rente foncière, et comme ces produits forment la partie la plus considérable du salaire nécessaire, une partie de celui-ci est toujours appropriée à payer cette rente.

Les matières premières une fois produites, sont en partie destinées à subir de nouvelles opérations qui en augmentent la valeur : même celles qui doivent être converties en alimens, mettent en jeu pour leur préparation l'industrie de divers artisans; celles cependant qu'on destine à d'autres usages, requièrent une accumulation de travaux plus grande encore. Un nouveau travail est consacré au lin pour le rouir, le filer, et en faire de la toile; un nouveau capital fixe doit faciliter l'ouvrage des journaliers qui feront ces opérations; un nouveau capital circulant doit remplacer la valeur de la matière première, et le salaire des ouvriers. Le prix intrinsèque de la toile

comprendra donc outre celui du lin, le salaire des nouveaux ouvriers, la rente du
nouveau capital fixe, et le profit du capital
circulant sur la somme totale. Si ces salaires, cette rente, et ce profit, sont réglés sur
le taux moyen qu'a établi la concurrence,
la toile parvient à son acheteur au plus bas
prix possible ; si l'on en retranchoit quelque chose, sa production cesseroit bientôt.
A ce prix il peut donc ne faire aucune perte,
quoiqu'il paye leur revenu à tous ceux qui
ont contribué à cette production.

Si cette toile produite dans un pays, est
destinée à être consommée dans un autre ; il
faut ajouter àson prix intrinsèque, les salaires
des voituriers, matelots, et autres ouvriers
employés à son transport, ceux des garde-
magasins, des marchands et de leurs commis ; la rente du capital fixe employé, soit à
la construction des vaisseaux et des voitures, soit à celle des magasins ; enfin le
profit sur la somme totale du capital circulant avancé. Si ces trois valeurs sont cal-
culées au prix courant, eu égard au tems
et aux lieux, la marchandise est encore à

son plus bas prix possible, au-dessous duquel sa production ou son importation cesseroient. Le profit du négociant en gros peut donc n'être point une perte pour l'acheteur. Il en est de même du profit du marchand en détail ; car lorsque, pour la commodité du débit, il deviendra convenable que de nouveaux commis soient salariés pour traiter avec les consommateurs, que de nouveaux magasins soient destinés à contenir la marchandise à détailler, et que la vente de cette marchandise soit soumise à un plus long retard, parce que le capital ne sera point remplacé par celui du marchand en détail ; mais seulement maille à maille par le revenu du consommateur, il n'y aura aucun capitaliste qui avance ces nouveaux salaires, cette nouvelle rente, et qui prolonge l'emploi de son capital, s'il ne retrouve dans la vente de sa marchandise, non-seulement de quoi couvrir tous ces frais, mais encore un profit proportionné à ses avances.

L'on peut donc dire en général, qu'à quelque point qu'en soit une manufacture, le prix intrinsèque de ses produits est composé

des salaires, profits, et rentes nécessaires pour
les mettre à la portée des acheteurs, calculés au prix courant, dans un tems et un
lieu donné ; et que ce prix intrinsèque qui
procure à la société ses revenus, peut n'occasionner aucune perte au consommateur (1).

(1) Peut-être le lecteur comprendra-t-il mieux
comment le prix d'une matière ouvrée contient les
salaires nécessaires et superflus, le profit et la rente,
si on lui en présente une espèce de compte de production. La manufacture que j'ai choisie pour servir
d'exemple, parce que je la connois moins mal que les
autres, est celle de soie du Val de Nievole en Toscane.

Répartition du prix des produits d'une manufacture de soie.

Première production.

Portion du prix d'achat de 6000 milliers de livres
de mûrier, payée aux propriétaires,
à 24 le %.   (Rente foncière)   L. 144,000
Portion du prix d'achat de la même
feuille, payée aux métayers. (Remboursement de leur capital circulant,
et profit.) à 32 le %.   192,000

Produit brut de l'agriculture. L. 336,000

Ce

Ce n'est point cependant sur le prix intrinsèque que l'acheteur calcule le sacrifice

---

Transport. L. 336,000.

Deuxième Production.

300,000 livres de cocons,
       valant . L. 400,000

120,000 journées de femmes, employées pour les vers à soie, par 4,000 familles de paysans :
   Salaire nécessaire, 40 cent. . . 48,000.
   Salaire superflu, 10 cent. . . 12,000.
Profit, 6 ⅔ p. ⁰/₀ de l'avance des salaires. . . . . 4,000.

    Valeur des cocons. . . . L. 400,000.

Troisième Production.

30,000 liv. soie grége,
    valant. L. 445,710. ⎫
39,000 --- bourre et   ⎬ 476,560.
    fleuret. [30,850. ⎭

24,000 journées de femme pour tirer la soie des chaudières.
   Salaire nécessaire, à 40 cent. . 9,600.
   Salaire superflu, à 10 c. . . . 2,400.
1,600 mesures de bois employé
    aux chaudières, valant L. 28,800.
6,400 journées de bucheron.

       Ci - contre. L. 412,000.

Tome I.   T

qu'il est disposé à faire pour se procurer une
marchandise, c'est sur le besoin qu'il en a,

                Transport. L. 412,000.

       Salaire nécessaire, 60 cent. . . 3,840.
       Salaire superflu des mêmes, 40 c.   2,560.
Rente foncière aux propriétaires
   des bois. . . . . 22,400.
Profit mercantile sur 440,800 fr.
   de capital circulant en 3 mois,
   à raison de 5 p. %. . . . . . 22,040.
Rente du capital fixé pour bâtir
   80 chaudières. . . . . . . 13,720.

Valeur de la soie et du fleuret. L. 476,560.

Quatrième et cinquième Productions.

28,200 liv. trame et organ-
          sin dévidés et
          filés. . . L. 644,580.
15,000 --- fleuret en ru-
          bans. . . . 85,710.
15,000 --- fleuret filé. . . 48,342.

               L. 778,632.

90,000 journées de femmes pour
   dévider la soie.

       Salaire nécessaire, 40 cent. . 36,000.
       Salaire superflu, 10 c. . . 9,000.

            Ci-contre L. 521,560.

comparé avec les facilités qu'il a pour s'en pourvoir ou pour y suppléer. De cette

Transport. L. 521560.

19,000 journées d'hommes employés au moulin à filer.

 Salaire nécessaire, 60 c. . . . 11,400.

 Salaire superflu, 20 c. . . . 3,800.

37,000 journées de femmes, employées au moulin à filer.

 Salaire nécessaire, 40 c. . . 14,800.

 Salaire superflu, 10 c. . . 3,700.

Profit mercantile sur 524,410 francs de capital circulant, employé dans la filerie, à 15 p. $\frac{0}{0}$. . . . 78,662.

Rente du capital fixé sur trois moulins à filer. . . . . . . 41,508.

Valeur de la soie. L. 644,580.

Valeur du fleuret au sortir des chaudières. 30,850. } 675,430.

32000 journées de femme pour carder le fleuret.

100000 dites pour le filer.

30000 dites pour tisser des rubans.

162000 journées de femme.

 Salaire nécessaire, 40 c. . . 64,800.

 Salaire superflu, 10 c. . . . 16,200.

Ci-contre. 756,430.

T 2

comparaison naît le prix relatif, ou celui qu'il est disposé à donner en échange.

Transport L. 756,430.

Profit mercantile sur 111850 francs,
    capital circulant employé dans
    la manufacture de fleuret, à 15
    pour cent. . . . . 16,777.
Rente du capital fixe employé en
    outils et métiers, par les car-
    deuses et faiseuses de rubans. . . 5,425.

Valeur totale de la soie et du fleuret. L. 778,632.

Sixième Production.

18800 liv. de soie cuite, manufac-
    turée en taffetas de Florence ,
    valant à raison de 40 fr. la liv. L. 752,000.
D'où retranchez la valeur de la
    soie sortant des fileries. . . 644,580.

RESTE. L. 107,420.

A répartir entre le salaire des teinturiers, des tisserands en soie, etc. le profit mercantile, et la rente des capitaux fixes des chefs de manufacture ; mais je n'ai aucune donnée précise sur la manière dont cette répartition se fait entr'eux, ni sur le nombre d'ouvriers employé pour chaque partie de ce travail.

On pourroit suivre les taffetas de Florence dans le magasin du marchand exportateur de Livourne, dans

Ce n'est jamais que le consommateur qui
a besoin d'une marchandise , celui qui

---

celui du marchand en gros de Lisbonne , et enfin dans
la boutique du détailleur des petites villes de Portugal,
où s'en fait le principal débit , afin de distribuer ses
nouveaux accroissemens de valeur entre les salaires des
voituriers , des matelots , des commis de magasin ; les
profits des marchands , et la rente des capitaux fixés
dans les vaisseaux et les boutiques ; mais je n'ai point
de documens pour asseoir un pareil calcul ; celui
même que je viens de présenter au lecteur n'est sans
doute pas exempt d'erreurs : tel qu'il est, il donne
cependant lieu à quelques observations curieuses.

La manufacture de taffetas lisses de Florence, n'est
point une de celles qui multiplient le plus le produit
brut de la terre : le consommateur Portugais ne paye
guère en effet que quatre fois la valeur de la feuille
de mûrier qui a produit la soie. S'il s'agissoit d'étoffes
façonnées de soie , leur valeur seroit au moins double,
proportionnellement au produit brut de la terre. Les
manufactures moins précieuses, celles de laine, de
fil , et surtout celles qui ont les minéraux pour matières premières , le multiplient bien davantage.

Nous n'avons point analysé dans ses dernières divi-
sions le produit brut de l'agriculture; les 192000 fr·
que retirent les métayers, contiennent, 1.º le salaire
nécessaire et superflu des ouvriers de campagne ;

T 3

l'achète pour la lui revendre, n'est point obligé à faire ce commerce-là plutôt qu'un

---

2.º le profit des métayers sur l'avance de ce salaire ; 3.º la rente des capitaux fixés momentanément pour l'agriculture, en instrumens, bestiaux et engrais. Il arrive souvent que le profit que fait le métayer sur la feuille doit couvrir ses avances sur quelque autre culture ; ce qui rendoit presque impossible la répartition de cette somme.

Les 442632 fr. que le travail productif ajoute à la valeur de la feuille, avant l'envoi de la soie au fabricant, sont le fruit d'un salaire nécessaire, montant à 188440 francs, lequel donne à la société pour revenu annuel.

L. 49660 --- aux ouvriers comme salaire superflu.

121479 --- aux entrepreneurs d'ouvrages comme profit.

60653 --- aux propriétaires de capitaux fixes comme rente.

22400 --- aux propriétaires de terre, comme rente foncière.

L. 254192 --- revenu produit par le travail.

Si j'avois pu réussir à analyser les frais de l'agriculture, la proportion du revenu à la somme totale auroit paru plus avantageuse encore, parce qu'alors j'aurois fait entrer en ligne de compte les L. 144000 de rente foncière, et les profits, rentes et salaires

autre , en sorte qu'il le quittera dès l'instant qu'il n'y trouvera plus le même profit qu'il trouvoit dans tout autre. Son besoin d'acheter est donc absolument nul ; mais comme il représente le besoin du consommateur, c'est d'après ce qu'il présume de lui qu'il agit.

Le prix auquel une marchandise se vend,

---

superflus des cultivateurs, lesquels sont produits par un salaire nécessaire qui ne passe probablement pas 50000 francs.

Je n'aurois pu justifier tous les calculs que je viens de présenter, sans prolonger infiniment cette note déjà fort longue ; j'ai même cru devoir supprimer la valeur par livre, de soie grège, filée, cuite, de bourre, et de fleuret, qui sert de fondement à ce compte, parce qu'ayant été estimée selon le cours du marché en Toscane, à moins de l'exprimer en monnoie Florentine , et les poids en livres Florentines , j'aurois eu pour chaque prix des fractions très embarrassantes, qui disparoissent dans l'évaluation des sommes totales. J'ai indiqué comme salaire le prix courant des journées, tel qu'il est réellement payé, mais quant à la distinction entre le superflu et le nécessaire, quoique j'aie cherché à bien connoître ce qui est indispensable pour la subsistance de l'ouvrier, je conviens qu'il reste toujours un peu d'arbitraire dans son évaluation.

T 4

n'est donc pas le résultat des efforts des
acheteurs et vendeurs intermédiaires, mais
celui de la lutte du producteur contre le
consommateur, dans laquelle le premier
cherche à se réserver la plus grande part,
et le second à céder la moindre part possible,
de la valeur superflue du travail perfectionné.
L'acheteur cherche entre tous les vendeurs,
celui qui lui demande le moindre prix intrinsèque, soit qu'il se contente de moins
de profit, ou que la marchandise lui revienne réellement moins cher ; le vendeur
augmente ses prétentions, comme il voit
s'accroître la demande des consommateurs ;
et comme les acheteurs d'une part, les vendeurs de l'autre, se font concurrence et se
rivalisent entr'eux, les forces de chaque
parti se trouvent en raison inverse de leur
nombre, et du besoin qu'ils ont de vendre
ou d'acheter.

Le prix relatif, ou celui que l'acheteur
est disposé à donner en échange, comparé
au prix intrinsèque, constitue pour chaque
marchand l'étendue de son propre marché.
Où qu'un producteur soit placé, son marché

s'étend jusqu'à tout consommateur qui offre un prix relatif égal au prix intrinsèque de sa marchandise rendue chez lui. Le marché, par exemple, de l'horloger Genevois, s'étend jusqu'au Pérou, jusqu'à l'Indostan, jusqu'à la Chine, parce que le prix intrinsèque de ses montres, lors même qu'elles sont parvenues dans ces pays éloignés, est encore le plus bas de tous les prix intrinsèques des montres qui peuvent rivaliser avec les siennes : or c'est toujours sur le plus bas de tous les prix intrinsèques qui se font concurrence, que le consommateur établit son offre, et fixe son prix relatif.

Comme les forces des producteurs sont en raison du nombre et des besoins des consommateurs, ce qui est la même chose que d'être en raison inverse de leur propre nombre, et de leurs propres besoins ; il est très fort de l'intérêt des premiers d'augmen_ ter le nombre de leurs acheteurs, ou d'éten- dre leur marché. Ce dernier s'étend de lui- même, par la diminution du prix intrinsèque, soit qu'une plus grande division du travail, ou l'application d'une plus grande industrie

rende la chose réellement moins coûteuse,
soit que le marchand se contente d'un moindre profit ; dans l'un et l'autre cas il trouvera en plus grand nombre, et à une plus
grande distance de chez lui, des consommateurs pour lesquels son prix intrinsèque
sera le plus bas de tous, et qui deviendront
par conséquent ses acheteurs. Mais l'administration peut aussi contribuer beaucoup à
étendre le marché, lorsqu'elle rend les com-
munications faciles, soit en supprimant toutes les entraves qui ne les arrêtent que trop
souvent, soit en rendant les routes sûres et
commodes, et en ouvrant de nouveaux canaux à la navigation ; car moins le prix
intrinsèque du producteur sera augmenté
par des frais de voiture, plus la marchandise pourra convenir à des consommateurs
éloignés, et plus aisément elle pourra leur
être cédée pour le même prix relatif qu'ils
offrent à d'autres. En donnant de l'étendue
au marché, on sert donc tout à la fois les
vendeurs, auxquels on procure plus de pra-
tiques, et les acheteurs, qu'on approvisionne
à meilleur compte.

Le prix intrinsèque de toutes les marchandises, comparé au prix relatif de toutes
les marchandises, règle le taux moyen des
profits du commerce ; c'est le besoin de
consommer des propriétaires de revenu,
comparé au besoin de produire des propriétaires de capitaux. Nous avons déjà vu dans
le livre précédent, comment ce profit moyen
existoit nécessairement, et se trouvoit réglé.
(Liv. I. Chap. III. pag. 69.)

Le prix intrinsèque de chaque marchandise, comparé avec son prix relatif, constitue
le gain ou la perte de chaque commerce en
particulier. Si ces deux prix sont les mêmes,
le consommateur acquiert la marchandise
au meilleur marché possible, et le vendeur
y trouve son profit ordinaire, qui faisant
partie du prix intrinsèque, ne coûte rien à
personne. Si le prix intrinsèque surpasse le
prix relatif, rien ne déterminera le consommateur à payer le premier ; le marchand
perdra donc, sans que le consommateur y
gagne rien ; mais ce ne sera pas pour long-
tems, car il cessera de produire.

Cette différence entre les deux prix provient, ou de ce que le consommateur peut se procurer d'ailleurs, soit les mêmes marchandises, soit d'autres qu'il peut leur substituer à meilleur prix ; ou de ce que la production a été réellement supérieure aux besoins de la consommation. Si la production a été supérieure aux besoins des consommateurs, l'année suivante, pourvu que le commerce soit libre, on verra paroître sur le marché beaucoup moins de la même marchandise ; alors, si les consommateurs ont un besoin réel de s'en procurer, son prix relatif haussera : s'ils ont trouvé quelqu'autre marchandise qu'ils puissent substituer en sa place, à meilleur prix ; ou cette marchandise n'aura point précisément tous les mêmes avantages ; dans ce cas ceux à qui elle ne conviendra pas, recevront la loi du marchand de la première, qui aura diminué sa production ; et son prix relatif sera ramené au niveau de son prix intrinsèque ; ou elle vaudra tout autant pour le consommateur, et même mieux, que celle dont le prix intrinsèque est trop élevé, alors la manufacture de celle-ci tombera absolument ; car à quelque point qu'on réduise sa production, on ne pourra jamais élever son prix relatif. Il seroit très malheureux qu'une telle manufacture ne tombât pas, car elle ne pourroit subsister sans dissiper inutilement les revenus de la nation. Si l'on forçoit le marchand à donner sa marchandise au prix relatif, il perdroit la différence entre ce prix et l'intrinsèque, et il faudroit la prélever sur le salaire, la rente, ou le profit, qui constituent le prix de sa marchandise, et partie du revenu de la nation. Si l'on forçoit l'acheteur à payer le prix intrinsèque, celui-ci perdroit la même différence, il perdroit l'économie qu'il pourroit faire en achetant l'autre marchandise qu'il peut lui substituer, et ce surplus de dépense, il devroit le prendre sur ses revenus. Enfin, si la différence entre les deux prix n'est payée ni par l'un ni par l'autre, mais par le Gouvernement, celui-ci devra y pourvoir avec ses revenus, qui sont pris sur ceux de la nation, et la perte sera plus grande encore; car le Gouvernement fait rarement une dépense de dix mille écus, sans qu'il en coûte douze ou quinze mille aux contribuables. De toute manière le revenu national sera diminué pour le maintien de cette manufacture ; mais c'est sur ce revenu que doivent être faites les économies qui peuvent seules augmenter les capitaux ; en les diminuant, on rend donc impossibles ces économies ; peut-être même si on répète sur trop d'objets cette opération, rendra-t-on les revenus insuffisans pour pourvoir à la dépense, et forcera-t-on le consommateur à manger son capital ; cependant l'un des moyens que l'on a le plus souvent mis en œuvre, quand on a parlé de *protéger le commerce*, et d'*enrichir une nation*, a été de forcer le maintien d'une manufacture dont le prix relatif n'égaloit pas le prix intrinsèque, ou en d'autres termes, d'augmenter la dépense, et de diminuer le revenu national.

Lorsque le prix relatif est au contraire plus élevé que le prix intrinsèque, le vendeur fait un bénéfice supérieur au profit mercantile ordinaire ; mais l'acheteur fait une perte égale à ce surplus, dès qu'il paye sa marchandise au delà de ce qu'elle a coûté à produire. Le revenu de la société n'est

point augmenté par un pareil marché, ce
que le marchand y ajoute est compensé par
ce qu'en soustrait le consommateur. Au
reste cette disproportion, si le commerce est
libre, ne pourra pas durer long-tems ; le
profit extraordinaire que feront les vendeurs
leur suscitera des rivaux, qui en voulant le
partager le diminueront : ils produiront une
plus grande quantité de cette marchandise
qu'ils verront être si recherchée, le consommateur trouvera plus de facilité à s'en
pourvoir, et le prix relatif sera bientôt
ramené au niveau du prix intrinsèque. C'est
ainsi que la lutte des intérêts opposés, ra-
mène toujours le commerce, lorsqu'il est libre,
à cet équilibre qui peut seul donner un profit
au vendeur, sans perte pour l'acheteur, et
créer par conséquent un revenu à la société.

Dans presque tous les États, le prix de
plusieurs marchandises est augmenté accidentellement par l'impôt que le Gouvernement lève sur elles : dans ce cas-là, le vendeur ne peut plus les céder sans perte au
prix intrinsèque. Il faut qu'il se récupère de
l'impôt qu'il a payé ; la marchandise lui re-

vient au prix intrinsèque, plus l'impôt, plus le profit qu'il auroit pu faire dans tout autre commerce sur le capital avec lequel il a avancé cet impôt au Gouvernement : si la marchandise passe par plusieurs mains après que l'impôt a été payé, chaque commerçant étant absolument libre de suivre un commerce plutôt qu'un autre, ne consentira pas à gagner moins sur une marchandise taxée que sur une qui ne l'est pas : il prélèvera donc le profit habituel du commerce sur toutes ses avances, sans distinguer celles qu'il fait au percepteur, de celles qu'il fait à celui dont il achète. Nous appellerons *accident*, non-seulement l'impôt, mais le profit que légitiment les avances d'argent subséquentes, destinées à le rembourser ; et *prix accidentel*, le prix intrinsèque, plus l'accident.

Le prix accidentel d'une marchandise chargée d'un impôt, est pour le marchand, précisément ce qu'est pour lui le prix intrinsèque d'une marchandise non imposée : il s'établit un rapport entre le prix accidentel et le prix relatif, qui détermine le profit de chaque branche de commerce, son accroissement ou son déclin.   Si

Si le prix relatif continue à rester plus bas que le prix accidentel, ce n'est pas le consommateur qui paye l'impôt, mais le producteur. Quelquefois alors le propriétaire de terre, supporte tout l'accident, et sa rente foncière est diminuée d'autant; c'est ce qui arrive lorsqu'il ne peut tirer de sa terre aucun parti plus profitable que celui de produire la marchandise taxée, malgré l'impôt dont elle est chargée; mais si le propriétaire peut destiner la terre à toute autre culture, dès qu'on voudroit diminuer sa rente, ou si le prix nécessaire joint à l'accident surpasse le prix relatif, alors la perte qu'occasionne l'accident doit être supportée par le propriétaire du capital fixe, qui peut plus difficilement qu'un autre retirer ses fonds d'une manufacture, et en changer l'emploi. Cependant ce capital cessera d'être entretenu, en conséquence la production diminuera, et elle continuera de diminuer, ou jusqu'à ce que la manufacture soit absolument tombée, ou jusqu'à ce qu'elle soit proportionnée au besoin demeurant, et qu'elle force alors l'augmentation du prix relatif.

Tome I. V

Dans tous les cas où le prix relatif s'élève avec le prix accidentel, c'est le consommateur qui paye l'accident.

La majeure partie de ce livre sera destinée à examiner quel est l'effet des divers impôts sur le prix des choses, et quelles sont les différentes classes de personnes qui payent l'accident.

CHAPITRE II.

Du prix numérique et du prix réel
des choses.

Nous avons vu que le prix d'une chose
étoit la quantité d'une autre espèce de
richesses à laquelle on l'estimoit égale. Mais
une pareille évaluation seroit sans résultat
et sans utilité, si les différentes choses
que l'on veut apprécier n'étoient pas toutes
comparées à la même espèce de richesses.
Il faut ici, comme pour réduire les fractions,
un dénominateur commun, sans lequel on
ne pourroit s'entendre; si l'on ne faisoit
point usage des espèces d'or et d'argent, il
faudroit reconnoître quelqu'autre valeur
commune à laquelle on compareroit tout.
Homère, lorsqu'il met en opposition la
valeur des armes de Glaucus avec celle des
armes de Diomède, nous dit que les unes

valent cent bœufs, et que les autres n'en
valent que neuf (1). Encore qu'il ne réduise
point leur valeur en argent, il nous donne
une idée précise du rapport qui existoit
entr'elles; il ne l'auroit pas fait, s'il avoit
comparé les unes à un nombre de bœufs, et
les autres à une mesure de grains.

Avant que les hommes eussent choisi
les métaux pour servir de dénominateur
commun, ils en avoient peut-être reconnu
d'autres. L'on croit assez généralement que
les bœufs et le bétail, qui servent dans cette
occasion au Prince des Poëtes, de mesure
commune de la richesse des hommes, furent
en effet la première valeur employée à
faciliter les échanges; cette opinion est probable, pourvu qu'on ne l'applique qu'à des
Peuples pasteurs, et encore parmi eux, à la
grande famille des Scythes, Thraces et Pé-
lasges; et non point à celle des Arabes.

Chez un Peuple Nomade qui possède

(1) Ἔνθ' αὖτε Γλαύκῳ Κρονίδης φρένας ἐξέλετο Ζεύς,
Ὅς πρὸς Τυδείδην Διομήδεα τεύχε ἄμειβε
Χρύσεα χαλκείων, ἑκατόμβοι ἐννεαβοίων.

ΙΛΙΑΔ. Ζ. 234.

d'amples et riches pâturages , auxquels tous les membres de la société ont un droit égal , quoique le bétail soit l'élément de la richesse, chaque vache ou chaque brebis n'a qu'une valeur peu considérable , à cause de la facilité d'en élever un grand nombre ; cette valeur est inférieure à celle de presque tous les objets qu'on veut échanger , ce qui la rend propre à servir de commune mesure ; elle l'est d'autant plus qu'il n'y a pas un individu de la nation , qui ne soit en tout tems disposé à recevoir en échange, du bétail qu'il est toujours sûr de nourrir. Il ne peut être ou devenir propriétaire, qu'autant qu'il en possède. Chez un Peuple agriculteur , le bétail augmente fort de prix , et ne peut plus servir de commune mesure aux objets d'une valeur inférieure à la sienne. Il ne peut de plus être reçu en échange que par les propriétaires de terre , et proportion- nellement à l'étendue de leurs prairies : ce n'est donc plus une richesse qui convienne à tout le monde, c'est un objet de consom- mation qui peut être échangé , tandis qu'il ne peut plus servir à faciliter les échanges.

Les Arabes n'ont point dû trouver dans le bétail le même avantage que les Tartares, s'ils ont voulu en faire une monnoie commune. Leurs arides déserts n'en peuvent nourrir qu'une petite quantité, leur stérilité met un obstacle sans cesse renaissant à sa multiplication ; aussi est-il comparativement fort cher en Arabie ; tout le mobilier d'un Bedouin mis ensemble, n'a pas une valeur égale à celle de son cheval ; or il faut que l'unité de la mesure commune soit d'une valeur moindre que l'unité de presque toutes les marchandises qu'on veut lui comparer.

Plusieurs des inventions qui ont signalé l'origine des sociétés humaines, sont le fruit d'une force de conception, bien admirable dans les premiers âges du monde, et lorsque les objets de comparaison devoient manquer aux penseurs, telle est entr'autres l'invention du numéraire. Comment un homme a-t-il pu former le projet de persuader à ses semblables, de recevoir en échange contre les choses qu'ils prisoient le plus, un métal qui ne leur étoit d'aucune utilité, et auquel ils n'auroient attaché aucun prix,

s'il ne leur avoit assuré qu'ils pourroient
l'échanger de nouveau? Comment a-t-il réussi
à faire adopter cette idée à tous les hommes?
tandis qu'elle ne devoit pas leur inspirer
moins de défiance que la proposition d'un
nouveau papier-monnoie en inspireroit de
nos jours ; car le prix relatif ayant toujours
dû, dans l'origine des sociétés, se calculer
d'après l'utilité, celui de l'or et de l'argent a
dû être mille fois inférieur à leur prix intrinsèque, en sorte que les propriétaires en se
dessaisissant de choses vraiment utiles, ont
dû trembler que l'or qu'on leur donnoit
en échange, ne perdît tout à coup la valeur idéale qu'on venoit de lui attribuer,
et ne trouvât plus d'acheteurs. Quel dut
être le genie de celui qui parvint à calmer
ces craintes, et à convaincre le genre humain,
que les métaux précieux avoient de si grands
avantages sur toute autre espèce de richesses, comme mesure commune des valeurs,
qu'on ne les abandonneroit jamais pour en
adopter une autre.

Cette inutilité des métaux précieux est
peut-être un de leurs plus grands avantages

V 4

pour en faire une mesure commune des prix ; car en même tems que tous les hommes sont également disposés à les recevoir en échange, chacun d'eux ne les reçoit point pour en faire usage soi-même, mais pour les échanger de nouveau ; il ne leur attache donc point un prix d'affection ou de convenance , mais celui-là même qu'il croit que tous les hommes leur attachent , et chacun pour soi s'efforçant à ne les estimer qu'à leur juste valeur , le commerce réussit toujours à rendre cette valeur uniforme dans un lieu et dans un tems donnés.

L'argent est donc une juste mesure de la valeur des choses, dans le même tems et le même pays , mais cette mesure peut induire en erreur , soit que l'on compare un tems avec un autre , ou un pays avec un autre.

Nous avons vu Liv. I. Chap. v. que la valeur du numéraire ne dépend nullement de son poids ou de son volume , mais du rapport qui existe entre la totalité des métaux précieux ; et la totalité des richesses du monde commerçant ; que la valeur totale du numé-

raire ne changeant point , la valeur de chacune de ses parties augmente ou diminue
en raison inverse de leur nombre ; que pour
que la valeur de ces parties demeure la
même , et exprime avec justesse celle des
marchandises qui leur sont comparées , il
faut que la somme des métaux produite annuellement par les mines soit égale à la
somme qui en est annuellement consommée;
qu'enfin cet équilibre avoit été détruit pendant les siècles qui précédèrent la découverte de l'Amérique , et pendant le siècle
qui la suivit : dans la première période les
mines ne suffisoient plus à la consommation des métaux, toutes celles du monde
alors connu étant pauvres et mal exploitées , en sorte que le prix de l'or ou de l'argent , comparativement au prix des fruits
du travail, alloit toujours en augmentant.
Dans la seconde période au contraire, les
mines d'Amérique versèrent dans la circulation beaucoup plus d'or et d'argent que la
consommation n'en put soustraire , en sorte
que la valeur des métaux précieux baissa
rapidement dans tout l'Univers. Adam Smith

a démontré (Liv. I. Chap. XI. p. 3.ᵉ) que l'équilibre entre leur production et leur consommation s'étoit rétabli dans les XVII.ᵉ et XVIII.ᵉ siècles. Quelques économistes pensent qu'il s'est altéré de nouveau à la fin du dernier ; nous n'avons pas de données suffisantes pour décider cette question.

Comme il est reconnu que l'or et l'argent avoient en 1750 la même valeur qu'en 1650, les mêmes marchandises qui comparées avec ces métaux, s'échangeoient en 1750 contre un poids plus grand ou moindre, avoient réellement augmenté ou diminué de valeur; soit que le premier effet eût été produit par la multiplication des impôts, ou le second par le perfectionnement des arts : tandis que la valeur de l'or et de l'argent étant réduite au moins au quart de ce qu'elle étoit il y a quatre siècles , les marchandises qui s'échangent aujourd'hui contre quatre fois le poids de métal contre lequel elles s'échangeoient alors , peuvent cependant n'avoir pas changé de prix : en comparant des tems éloignés , l'or et l'argent ne sont donc plus une mesure commune et exacte de valeurs différentes.

L'embarras attaché à cette comparaison est encore augmenté par la fraude que presque tous les Gouvernemens soit de l'Europe soit de l'antiquité ont mis en usage pour se dispenser de payer leurs dettes. Ils ont conservé le même nom aux espèces, en altérant leur valeur réelle, leur poids, ou leur degré de finesse. Dans toute l'Europe la monnoie courante étoit originairement une livre de poids d'argent ; en dépréciant les espèces on a continué à les appeler des livres , quoique en Angleterre , où la monnoie a subi le moins de ces variations, la livre actuelle ne pèse que le tiers de la livre ancienne , et quoique dans le Duché de Parme , où elle en a subi le plus , la livre actuelle ne pèse que la trois centième partie de ce qu'elle pesoit originairement. Lors donc que l'on veut comparer les prix en numéraire de deux époques différentes, il faut d'abord rectifier l'erreur que cause la confusion des noms , en déterminant le poids des espèces dans un tems donné , puis rectifier la seconde erreur qu'occasionne le changement dans la valeur des métaux ,

en déterminant celle que leur donnoit à
cette époque le rapport de leur masse,
avec la masse de la richesse mobiliaire.

Il seroit fort à désirer que l'on possédât
une mesure commune, qui toujours invariable, servît si non à faciliter les échanges, du moins à rectifier la valeur du numéraire qui sert à les faire.

Il faudroit pour cela que l'on reconnût
une chose sur la terre dont la valeur réelle
fut invariablement la même ; en sorte qu'en
la comparant ensuite avec le prix de l'argent,
on pût décider immédiatement que l'argent
seroit bon marché, quand on en donneroit
beaucoup pour cette chose, qu'il seroit
cher, quand on en donneroit peu. Mais de
même que la valeur de l'argent considéré
en lui-même peut varier, la valeur de tout
ce qu'il achète peut varier aussi, et par
d'autres causes ; en sorte qu'on ne peut décider
qu'imparfaitement, lorsqu'avec le tems les
conditions d'une vente varient, si c'est la
chose achetée, ou celle avec laquelle on achète, dont le prix s'est altéré.

Nous sommes tellement accoutumés à ne

nous faire une idée du prix, que par son rapport avec l'argent, ou plutôt avec la valeur au moyen de laquelle se tiennent les comptes, nommée numéraire, que nous ne pouvons presque pas concevoir un prix qui ne soit pas numérique. Dès que l'on reconnoît cependant que les nombres qui l'expriment ne désignent pas toujours la même chose, il faut bien chercher à connoître, outre le prix numérique, le prix réel des objets.

Le prix numérique désigne le nombre où le poids des espèces courantes, contre lesquelles une marchandise peut être échangée ; le prix réel exprime le sacrifice que fait actuellement celui qui l'achète. Nous avons bien une manière de mesurer ce sacrifice dans la pensée, mais elle est inutile à la pratique, puisqu'elle ne peut être représentée par des nombres ; c'est en l'évaluant d'après la seule base qui soit uniforme et immuable dans tous les tems et dans tous les lieux, savoir le rapport entre la marchandise vendue, et le nombre de journées de son propre travail, qu'un journalier donneroit pour l'acheter. Des quantités égales

de travail sont toujours d'une égale valeur
pour celui qui les fait, il sacrifie toujours
une égale portion de ses aises, de sa liberté,
et de son contentement ; mais ces quantités
égales pour lui, ne le sont point pour celui
qui les paye ; car avec un égal emploi de
forces, deux ouvriers d'habileté différente,
ne font point deux quantités d'ouvrage égales,
ni en somme, ni en valeur. Le sacrifice du
journalier pourroit donc bien servir d'étalon
à la mesure de la valeur de l'argent, s'il
étoit possible de l'exprimer par des nombres,
mais le salaire qui représente ce sacrifice
n'est point propre à cet usage.

De plus le salaire, comme nous l'avons
vu, varie avec l'état de prospérité de la
société : plus les capitaux destinés à alimen-
ter l'industrie s'accroissent, plus les salaires
s'élèvent : il faut pour déterminer les ouvriers au travail, non-seulement leur distribuer un plus grand nombre de pièces de
monnoie, mais leur assurer réellement une
augmentation d'aisance et de jouissances ;
accroître le prix réel, aussi bien que le
prix numérique du travail.

Tout ce à quoi les hommes attachent de la valeur étant le fruit de leurs labeurs, doit avoir un prix réel très différent selon les circonstances. L'augmentation des capitaux, et les progrès de l'industrie, permettent ainsi que nous l'avons vu, d'obtenir des produits supérieurs avec moins de travaux et de sacrifices. Le prix soit intrinsèque, soit relatif, de toutes les productions humaines, doit donc s'altérer avec les progrès de la société : ces deux causes de variation s'étendent depuis les métaux précieux, jusqu'aux denrées nécessaires à la subsistance ; d'une part il peut devenir plus facile, soit d'extraire l'or de la mine, soit de fertiliser les champs, et le prix intrinsèque tant des métaux que du blé s'abaissera : de l'autre on conçoit la possibilité de substituer à l'or, un autre métal pour les arts, un autre signe pour le commerce, et au blé une autre nourriture ; alors le prix relatif de ces deux productions s'abaissera, quand encore leur prix intrinsèque resteroit le même. Entre toutes les valeurs qui circulent dans le commerce, il n'en est donc aucune de stable, aucune de fixe, aucunè qui puisse servir d'étalon pour mesurer toutes les autres (2).

---

(2) Herrenschwand en traitant de la fluctuation des prix, n'a point profité, comme il auroit pu le faire, des lumières de tous ses devanciers. Il considère la valeur d'une quantité d'or ou d'argent, dont le poids et le titre sont déterminés, comme inaltérable, et nécessairement égale à une quantité immuable de travail. (Econ. polit. et mor. Tom. II, p. 80 et 101.) Ainsi donc si l'on découvroit, comme on le fit il y a trois siècles, des mines quatre fois plus abondantes que celles que l'on connoit aujourd'hui, et d'où l'extraction de l'or coûtât par conséquent quatre fois moins de travail; le produit de celui d'une journée de ces mineurs, commanderoit le travail de quatre jours de tous les autres hommes, ce qui est directement contraire au système même d'Herrenschwand sur l'égalité des échanges. Une autre supposition peut encore mieux faire sentir combien il est inconséquent de supposer cette fixité au prix de l'or. Il n'est nullement impossible que l'on découvre le secret des alchimistes, aujourd'hui qu'on ne le cherche plus; c'est-à-dire, que l'on s'assure que tous les métaux ne sont que les modifications d'un seul élément, et que la chimie apprenne à les imiter. Cette science produiroit une moindre merveille en convertissant du fer en or, que celle qu'elle a fait en produisant de l'eau par la com-

Désespérant

Désespérant de trouver une mesure invariable, ceux qui ont traité de l'économie politique, ont cherché à se rapprocher du but qu'ils ne pouvoient atteindre, et à faire

---

bustion du gaz hydrogène; ou en démontrant que le diamant et le charbon sont composés des mêmes principes. Y a-t-il quelqu'un cependant qui puisse croire que dans ce cas le prix de l'or resteroit toujours le même, et qu'il ne se proportionneroit pas bientôt au travail dont il seroit le fruit? Il n'y a pour les effets aucune différence entre la découverte de ce secret dangereux, et celle d'une mine d'or fort abondante. Aussi vouloir que les Gouvernemens fassent désormais du poids et du titre de l'or un étalon inaltérable, qui serve dans tous les tems à reconnoître le prix réel des choses, et à régler l'économie nationale, (Tom. II. p. 153. et 302.) c'est s'attacher comme à un ancre au roseau arraché que la vague emporte, c'est nous rappeler ces matelots, qui, forcés par la tempête de jeter à la mer les marchandises qui formoient leur cargaison, pour alléger le navire, jugèrent convenable de laisser un signe à l'endroit où ils les abandonnoient, pour pouvoir les repêcher dans un tems plus calme, et firent dans ce but une entaille au vaisseau qui les portoit, afin de reconnoître sur le pont la place précise d'où ils les avoient jetées à la mer.

Tome I. X

choix de la valeur la moins sujette à des
variations, afin qu'elle leur servît, si non
à mesurer le prix des métaux précieux,
du moins à reconnoître ses fluctuations.

Le salaire nécessaire, et le prix de la
nourriture du pauvre, d'après lequel il se
détermine, paroissent être les choses dont
le prix réel change le moins dans un long
espace de tems ; aussi n'est-ce qu'en comparant leur prix numérique à des époques
éloignées, qu'on est parvenu à se former
des idées un peu précises sur la fluctuation
du prix de l'argent, et sur le prix réel des
marchandises qu'il sert à acheter ou à
vendre. Mais puisque nous sommes réduits
à nous servir d'un étalon imparfait, il convient de connoître ses défauts, afin de nous
tenir en garde contre les erreurs qu'il
pourroit occasionner.

Premièrement si c'est le salaire nécessaire que nous prenons pour terme de comparaison, il faut observer qu'il n'est point
le même dans un jour d'été que dans un
jour d'hiver, car il faut au journalier pour
ce dernier, plus de combustible et de meil-

leurs habits; aussi une partie de ce qui paroît être en été son salaire superflu, est-elle destinée à compenser en hiver l'augmentation de son salaire nécessaire : ce n'est donc pas sa consommation d'un jour, mais sa consommation d'une année, qu'on doit considérer, pour établir son salaire nécessaire. Cette dernière quantité est à peu près toujours la même, mais elle augmente ou diminue réellement de prix, suivant les bonnes ou mauvaises récoltes. Ce n'est point l'argent qui change de valeur, c'est la denrée elle-même, dont le prix, soit intrinsèque, soit relatif, s'abaisse ou s'élève, selon que la moisson est abondante ou ne l'est pas. Lors donc que l'on veut connoître les variations du prix de l'argent, on ne le peut qu'en faisant abstraction de celles du prix de la denrée, et en prenant pour cela un terme assez long, pour que les mauvaises années étant compensées par les bonnes, on obtienne un rapport moyen, entre les productions et le travail auquel elles sont dues.

Le salaire total des ouvriers, comprenant

le nécessaire et le superflu, est réglé en
général sur cette moyenne. L'on ne le voit
point en effet s'élever en hiver lorsque le
besoin de combustible rend nécessaire une
plus grande dépense, ni même pour l'ordinaire dans les années de disette, lorsque
la même quantité de denrées coûte plus à
l'ouvrier; c'est que dans les mauvaises sai-
sons et les mauvaises années, le superflu ou
le revenu de l'ouvrier diminue, à mesure
qu'il a besoin de plus de choses; il consacre moins à ses jouissances, lorsqu'il lui
faut davantage pour sa subsistance; mais
dans ce cas-là, comme dans tous les autres,
l'augmentation du salaire nécessaire proportionnellement à son produit, cause une diminution dans les revenus de la nation.

Il y a dans la détermination de ce qui
est nécessaire à la vie, une certaine latitude
qui rend difficile, même dans son propre pays
et son propre tems, de tracer la ligne de
démarcation entre le salaire nécessaire et le
superflu; aussi le seroit-il bien davantage
d'en faire des tables pour des pays ou des
tems éloignés; mais la principale dépense

du pauvre étant celle de sa nourriture , le salaire nécessaire doit toujours être proportionné au prix de l'aliment qui sert de fondement à tous ses repas , et dont l'usage est le plus général : le blé pour l'Europe et le riz pour l'Inde peuvent donc servir de terme de comparaison , quand on veut mesurer la valeur relative de l'argent.

Comme en se perfectionnant, l'agriculture tend à produire les mêmes effets avec moins de moyens , il en devroit résulter l'avilissement du prix du blé et des autres denrées que l'industrie humaine arrache à la terre : il est pourtant probable que cet effet est compensé en grande partie pour le blé , par d'autres causes qui agissent en sens contraire, telles que l'augmentation de la rente foncière , et celle de la consommation , qui sont des suites de l'accroissement de population et de richesses. En prenant un long période , cet étalon n'est probablement pas très défectueux , quoiqu'il le soit lorsqu'on en prend un court , à cause de l'incertitude et de l'inégalité des récoltes. Son grand avantage est d'avoir un rapport fixe avec le sa-

X 3

laire nécessaire ; mais ce rapport s'est altéré
quelquefois, et peut s'altérer encore plus.
En France , en Angleterre, et en Allemagne,
la substitution des pommes-de-terre au blé,
dans la cuisine du pauvre, a réduit considérablement, pour toute la saison de leur durée,
les besoins du journalier. En Italie , la farine
de blé de Turquie , et celle de châtaignes ,
qui coûtent la moitié moins que celle de
froment , excluent presqu'absolument cette
dernière de la nourriture de l'homme de travail , en sorte que lorsque le prix du blé est
le même en Angleterre qu'en Toscane , le
salaire nécessaire est presque de moitié moins
fort dans ce dernier pays. Le comte de Rum-
ford en appliquant la chimie à l'art de la
cuisine , et en augmentant les pouvoirs nu-
tritifs de chaque aliment , nous fait entre-
voir qu'il existe un nouveau moyen de diminuer le salaire nécessaire , et de changer la
proportion entre la valeur du blé et celle
du travail.

La proportion entre le prix numérique et
le prix réel, change non-seulement avec les
tems, mais aussi avec les lieux. Au Ben-

gale, par exemple, la nourriture d'un journalier ne lui coûte pas plus de cinq centimes par jour ; (Turner, Voyage au Thibet
et au Boutan, Vol. I. Chap. II.) dans plusieurs Provinces de France elle lui coûte un
franc ; lors donc qu'un Indien donne d'une
marchandise quelconque, une roupie, ou
deux livres dix sols en argent, son prix
réel pour lui est de cinquante journées de
travail, et son prix réel pour le François
n'équivaut qu'à deux journées et demie, au
cas que le prix numérique fut le même
pour l'un et pour l'autre. Cette proportion entre le prix du travail et celui de l'argent
dans l'Inde, étant si différente de la nôtre,
on ne peut y porter aucune marchandise sur
laquelle il y ait autant de profit à faire que
sur l'argent, car le négociant qui n'a besoin
de s'occuper que du prix numérique pour
ses spéculations, doit trouver que tout s'a-
chète et se vend bon marché dans un pays
où l'argent est si cher.

La rareté des métaux précieux a fait
adopter aux Indiens l'usage des *cauris* ou
petits coquillages des Maldives, en place de

petite monnoie ; ce qui ne laisse pas que de
paroître étrange dans des pays aussi riches
et aussi anciennement policés que le Bengale et l'Indostan ; mais ce n'étoit point
assez de diviser une roupie en cinquante
sous , pour l'usage de gens qui devoient
acheter avec elle pendant cinquante jours
leur nourriture; il fallut donc l'estimer égale
à 2400 cauris. Cependant si la nature n'a-
voit pas fait tous les frais du coin de ce
coquillage , il est peu probable qu'aucun
Souverain eût battu des espèces d'aussi peu
de valeur. Les cauris sont la monnoie courante du Mogol, du Bengale, et du Boutan,
comme aussi de l'intérieur de l'Afrique , et
de la Guinée.

Ce n'est pas seulement en nous comparant
avec les Indes que nous pouvons trouver une
grande différence entre le prix réel , et le
prix numérique ; l'or et l'argent renchéris-
rent en s'éloignant de leur source , et il y
a à peine deux pays où leur valeur soit la
même. Ces différences pour les négocians
sont une recherche oiseuse, il leur importe
peu de savoir si la marchandise est plus

chère , ou si c'est l'argent qui est moins
cher dans un pays que dans un autre : dès
qu'ils trouvent dans les prix numériques
une différence suffisante pour compenser les
ports et leur assurer leur profit , ils font
passer les marchandises dans les pays où ils
peuvent les échanger contre le plus d'argent , et augmentent ainsi pour les consommateurs les moyens de les obtenir ; ils diminuent leur prix relatif , ils épargnent à la
société la dépense d'une partie de son revenu , en vendant meilleur marché , tandis
qu'ils lui en procurent d'autre part un nouveau dans le profit qu'ils font eux - mêmes.
C'est ainsi que tous les hommes tendent
sans cesse , en recherchant leur intérêt propre, à servir l'intérêt national.

CHAPITRE III.

Conformité de l'intérêt du consommateur avec l'intérêt national.

« QUAND je vois un Gouvernement de
» l'Europe », disoit à l'auteur un membre
distingué d'une Législature Américaine ,
« annoncer par quelque proclamation , ou
» par le préambule de quelque édit , qu'il
» veut protéger le commerce, réveiller l'in-
» dustrie , et animer les manufactures , je
» tremble pour les sujets de ce Gouverne-
» ment : ma crainte s'est presque toujours
» réalisée, et vos chefs en croyant vous pro-
» téger , ont presque toujours attenté à la
» liberté publique , et dissipé la fortune na-
» tionale ».

Il ne faut pas s'étonner si la manie réglé-
mentaire a eu presque toujours des effets si
ridicules et si déplorables en même tems :

on a fait des loix sur le commerce, avant de savoir ce qui convenoit au commerce, on a altéré les prix de presque toutes les marchandises qui se mettoient en vente, avant de réfléchir sur l'intérêt qu'avoit la nation dans l'altération de ces prix.

Quel est-il cet intérêt ? La réponse est aussi simple que courte, *il est le même que, celui du consommateur.* Il est étrange que cette réponse n'ait pas été trouvée depuis long-tems. En effet, la nation n'est point composée exclusivement d'artisans, ni de propriétaires de terres, ni de marchands, mais elle ne compte pas un individu qui ne soit un consommateur : on ne conçoit pas qu'on ait pu croire successivement que l'intérêt national étoit celui tantôt de l'une, tantôt de l'autre des trois premières classes, et qu'on n'ait pas voulu voir qu'il devoit nécessairement être celui, non pas d'une classe, mais de l'universalité des citoyens, de cette classe qui les comprend toutes. La seule chose qui puisse excuser cet aveugle-ment, c'est qu'on a pu se faire une fausse idée de l'intérêt du consommateur, on a pu croire qu'il n'en avoit d'autre que celui d'acheter bon marché, et qu'il s'estimeroit heureux, si un marchand lui cédoit ses denrées à moitié prix de ce qu'elles lui coûtent.

Il ne faut point confondre l'intérêt momentané et particulier d'un consommateur, avec son intérêt constant et général : quoiqu'il puisse trouver son compte à profiter par fois d'une heureuse rencontre, il sait fort bien qu'il n'est point intéressé à faire vendre habituellement les marchandises dont il a besoin, au-dessous de leur prix intrinsèque, car il sent fort bien aussi que si les marchands et les artisans étoient forcés de travailler à perte, ils cesseroient bientôt de travailler, et qu'alors le besoin urgent qu'il éprouveroit de leurs productions, le forceroit à leur restituer avec usure le profit illégitime qu'il auroit fait sur eux.

L'intérêt du consommateur est donc d'obtenir les marchandises dont il a besoin au plus bas prix intrinsèque possible, et jamais au-dessous. Il faut remarquer que la même marchandise peut avoir plusieurs prix intrinsèques, selon le lieu, le tems, et les personnes qui l'ont produite. Si un Ecossois vouloit faire du bon vin dans son pays , il pourroit y réussir, en élevant sa vigne dans des serres chaudes. Il est vrai que ce vin lui coûteroit environ cent fois plus qu'à un vigneron Bourguignon ou Champenois; voilà donc deux prix intrinsèques , dont l'un est centuple de l'autre. Dix épingliers qui travaillent bien , font au moyen de la division du travail, cinquante mille épingles par jour ; un ouvrier qui travailleroit seul , et devroit faire successivement toutes les opérations qu'on répartit d'ordinaire entre plusieurs , en feroit avec peine plus de cent. Le prix intrinsèque des épingles de l'un, seroit donc cinquante fois plus élevé que celui de l'autre. Dans un pays où le profit ordinaire d'un capital employé dans une manufacture quelconque est de vingt pour cent ; le prix intrinsèque des produits de toute manufacture sera plus élevé que dans celui où il n'est que de huit. Or, l'intérêt du consommateur, est que le marchand le fasse profiter de tous les avantages qu'il peut devoir au climat , au perfectionnement de l'industrie, à l'augmentation des capitaux , et à la division du travail ; mais ce n'est point son intérêt de tarir les sources du revenu national , et de ne pas payer son prix intrinsèque à celui qui travaille pour lui meilleur marché que tous les autres.

Quand le commerce est absolument libre, le prix relatif , qui est celui qu'offre le consommateur , est toujours fondé sur un prix intrinsèque, mais c'est sur le plus bas de ceux qui sont en concurrence. Quand un marchand ne peut pas vendre à son prix intrinsèque, c'est qu'un autre marchand vend à meilleur marché que lui, des marchandises ou semblables aux siennes, ou propres à les remplacer ; mais certainement ce second marchand ne vend à plus bas prix, que parce que sa marchandise lui revient moins cher, ou que son prix intrinsèque est moindre pour lui. C'est donc toujours un prix intrinsèque que paye le consommateur , et dans ce prix sont toujours compris, la rente des terres , le profit des capitaux , et le salaire superflu du travail , ou toutes les sources de revenu d'une nation. Le plus bas prix intrinsèque possible est donc le seul qui soit également avantageux, et aux trois classes productives, dont il assure les revenus, et à la nation entière composée de consommateurs, dont il ne dissipe pas les moyens de subsistance.

En suivant toutes les révolutions qui peuvent survenir dans la proportion entre le prix relatif et le prix intrinsèque, nous verrons que, dans tous les cas également, l'intérêt national est le même que l'intérêt du consommateur.

Supposons d'abord une nation qui n'ait point de commerce étranger; qu'une cause quelconque augmente la proportion des profits chez cette nation, de telle sorte, qu'entrant pour une plus forte part dans le prix intrinsèque, celui-ci en soit élevé; le revenu national ne sera ni augmenté ni diminué; le consommateur ayant perdu tout ce que le marchand aura gagné; mais le gain du marchand sera celui d'un petit nombre d'individus, et la perte sera celle de l'universalité des citoyens, qui sont tous consommateurs, et qui peuvent tous être ou

devenir acheteurs de la marchandise dont
le prix augmente. Si au contraire le profit
moyen du commerce diminue, la perte
d'une part sera égale au gain de l'autre ;
mais la perte, ou plutôt la diminution des
profits, n'affectera que quelques marchands,
et le gain sera commun à tous les citoyens.
Il y a plus ; le profit moyen ne diminue
presque jamais, que parce que la masse des
capitaux a augmenté, en sorte que la diminution du revenu proportionnel des capitalistes, est un signe de l'augmentation de leur
revenu total ; tout comme au contraire, l'accroissement des profits du commerce étant
un signe de la diminution des capitaux ;
ou de leur disproportion avec des besoins
croissans, l'augmentation proportionnelle
des profits des négocians, doit faire craindre
la diminution de leur somme totale (1).

_____

(1) Il pourroit cependant arriver que les profits di-
minuassent sans augmentation de capitaux, si quelqu'un des canaux où ceux-ci circuloient, venoit à se
fermer accidentellement, par une guerre par exemple ; ce qui feroit refluer des fonds surabondans sur

Si

Si la partie du prix intrinsèque qui paye le salaire vient à diminuer, cet événement peut avoir deux causes, dont l'une sera heureuse, et alors le consommateur ou la nation entière en profitera, l'autre malheureuse, et la nation ne profitera point de la baisse de cette partie du prix. La diminution heureuse proviendra de ce qu'on aura employé moins de travail pour produire le même ouvrage, le pouvoir productif du premier ayant été augmenté par une mécanique plus industrieuse; cette altération occasionnera une diminution dans les prix, dont tout consommateur profitera. Mais la diminution des salaires peut provenir aussi de ce que les capitaux ayant diminué, les capitalistes auront plus d'avantages en traitant

---

les autres branches de commerce; tout comme il pourroit arriver que les profits augmentassent sans diminution de capitaux, si un commerce nouveau réquérant des fonds considérables devenoit tout à coup accessible à la nation; tel sera probablement par exemple pour les ports de mer, l'effet de l'acquisition de la Louisiane, si l'on met beaucoup d'ardeur en France à faire prospérer cette colonie.

Tome I.   Y

avec les ouvriers; alors la réduction de leurs salaires n'en fera aucune dans les prix, les capitalistes en profiteront seuls ; une classe de la nation s'engraissera aux dépens d'une autre, sans que le revenu total soit changé ; cet événement sera la conséquence d'une calamité nationale , la diminution des capitaux; et il n'entraînera à sa suite qu'un résultat affligeant, la misère des hommes industrieux.

Mais considérons à présent une nation qui a un commerce étranger , et distinguons son revenu national , du revenu des peuples qui commercent avec elle. Si le profit moyen du commerce, à l'intérieur de cette nation, vient à augmenter, son revenu diminue ; car c'est le consommateur national qui paye toute cette augmentation , et il ne la paye pas toute à ses compatriotes; le marchand étranger qui fournit en partie à sa consommation , partage ce surplus de profit avec le marchand national ; l'augmentation des prix , suite de celle du profit du commerce, est donc une calamité pour la nation, comme pour le consommateur.

Si au contraire le profit du commerce à l'intérieur diminue, le revenu augmente; car le consommateur national épargne tout le surplus que gagnoit, non-seulement le marchand national, mais encore le marchand étranger qui pourvoyoit en partie à sa consommation.

Quand au contraire la nation fait un commerce d'exportation, et qu'elle approvisionne les étrangers, le consommateur national n'ayant plus aucun intérêt dans ce commerce, la nation n'en a aucun autre que celui du marchand. Si le profit augmente chez la nation à laquelle il vendoit, le revenu national augmente; le consommateur national ne perdant point ce que le marchand gagne. S'il diminue au contraire chez cette nation, le revenu diminue de toute la perte que fait le marchand; mais l'intérêt de la nation acheteuse est toujours le même que celui de son consommateur.

C'est l'intérêt du consommateur aussi bien que celui de la nation, que le prix relatif des productions de toute espèce de commerce, soit fixé sur le plus bas prix intrin-

sèque qu'il soit possible; mais si une manufacture vend ses ouvrages au-dessous de ce
qui est pour elle leur prix intrinsèque, et
qu'une autre les vende au-dessus; état forcé
qui ne peut se prolonger qu'autant que de
mauvaises loix le maintiennent ; la nation perdra sur les produits de la première, et ne gagnera rien sur ceux de la
seconde. En effet le fabricant qui vend son
travail au-dessous du prix intrinsèque, fait
une perte, et cette perte n'est point un gain
pour celui qui achète de lui; car il n'est
forcé de vendre à ce prix, qui est le relatif,
que parce qu'il existe quelque autre manufacture, dont le prix intrinsèque est plus
bas que le sien ; prenons l'exemple que
nous avons cité plus haut d'un épinglier, qui
travaillant seul ne feroit que cent épingles
par jour, tandis que dans une manufacture,
dix ouvriers en font cinquante mille ; le
premier ne vendra certainement pas plus
cher ses épingles que le second, quoiqu'elles lui reviennent cinquante fois plus cher ;
et quoique le consommateur ne les lui paye
que ce qui est pour lui le cinquantième de

leur prix intrinsèque, il ne gagne point ce que cet ouvrier a perdu. Cependant tandis que la manufacture perdante, cause une perte à la nation; la manufacture gagnante, ou celle dont le prix relatif est plus élevé que le prix intrinsèque, ne lui procure aucun avantage, car le consommateur supporte sur son revenu toute la différence entre les deux prix.

Le Gouvernement ne peut donc jamais être induit en erreur, lorsque dans tous les cas, il consulte pour la législation du commerce, l'intérêt bien entendu du consommateur.

POSTSCRIPTUM.

Définitions des mots scientifiques employés
dans cet ouvrage.

Quoique je me sois étudié à restreindre
le nombre des mots inusités que j'ai été forcé
d'employer ; quoique toutes les fois que j'en
ai admis quelqu'un, j'aie cherché à en fixer
le sens avec précision ; comme la langue de
l'économie politique n'est point encore arrêtée, comme la signification qu'on attache
aux mots qui reviennent le plus souvent
dans le discours, dépend du système que
l'on a adopté ; comme enfin le lecteur quoiqu'averti une première fois du sens de l'auteur, l'oublie pour attacher par habitude aux
mots qu'il emploie, des idées accessoires que
celui-ci n'a point voulu admettre ; j'ai cru
contribuer à la clarté de cet ouvrage en réu-

nissant à la fin de la partie théorique toutes les définitions des mots élémentaires qui y sont employés : le lecteur pourra les consulter toutes les fois que le retour trop fréquent de ces mots lui paroîtra jeter quelque obscurité sur les pensées, il pourra aussi les lire à leur place, comme formant le résumé des principes fondamentaux développés dans tout l'ouvrage.

RICHESSE NATIONALE. L'accumulation du travail productif d'une nation.

TRAVAIL PRODUCTIF. Celui qui se paye lui-même, qui produit sous une forme nouvelle le prix qu'il a coûté, en sorte qu'une fois fait, il puisse toujours être échangé contre un travail à faire.

TRAVAIL IMPRODUCTIF. Celui qui ne laissant après lui aucune trace, doit être constamment payé par le produit d'un autre travail.

CAPITAL. Fruits disponibles d'un travail fait, échangeables contre un travail à faire.

CAPITAL FIXE. Travail employé à créer ou perfectionner les machines : sous ce dernier nom nous comprenons toutes les aides

qui peuvent accroître les pouvoirs de l'industrie humaine , et augmenter les fruits d'un
travail à venir. On peut le définir encore :
travail précédent accumulé de telle sorte
qu'il aide les pouvoirs d'un travail posté-
rieur.

CAPITAL CIRCULANT. Travail fait , donné
en échange à un ouvrier contre un travail
à faire , avec un profit proportionné à la
valeur du premier.

RENTE DU CAPITAL FIXE. Revenu correspondant à la quantité dont le capital fixe
augmente la valeur annuelle du travail humain.

RENTE FONCIÈRE. Revenu qui représente
la propriété virtuelle qu'a la terre de produire dès qu'elle est convenablement mise
en action.

PROFIT. Revenu qu'obtiennent les propriétaires d'un capital , lorsqu'ils échangent
eux-mêmes, ou facilitent à d'autres, l'échange
d'un travail fait , contre un travail à faire de
valeur supérieure.

INTÉRÊT DES FONDS. Revenu des capitalistes , qui pour s'affranchir des embarras

attachés à la circulation de leurs richesses, les prêtent à d'autres; c'est une participation dans le *profit* que doivent donner les capitaux.

SALAIRE. Partie du capital circulant, que l'ouvrier reçoit du capitaliste en échange du travail qu'il doit faire.

SALAIRE NÉCESSAIRE. Portion du salaire des ouvriers productifs, qui représente la partie de la richesse mobiliaire strictement nécessaire à leur entretien.

SALAIRE SUPERFLU. Revenu des ouvriers, ou portion du capital circulant qu'ils reçoivent en compensation de leur ouvrage, par delà ce qui est absolument nécessaire à leur entretien.

REVENU NATIONAL. Composé de rente, profit, et salaire superflu; c'est la portion de la richesse circulante chez une nation, que les individus qui la composent peuvent consommer dans l'année, sans la faire déchoir de sa prospérité actuelle. C'est aussi le produit annuel de son travail, moins le salaire nécessaire qui l'a mis en mouvement.

CLASSES PRODUCTIVES. Celles qui contribuent à créer le revenu national, et qui le possèdent en totalité, sous les trois formes de rente, profit, ou salaire.

CLASSE IMPRODUCTIVE. Celle qui n'a point de revenus en propre, mais qui parvient à partager ceux des classes productives, en compensation de services rendus, ou gratuitement.

DÉPENSE NATIONALE. La masse de richesse mobiliaire que les trois classes productives ont ou consommée elles-mêmes, ou aliénée définitivement, et sans espoir de la voir renaître.

BALANCE NATIONALE. Proportion entre la dépense nationale et le revenu national.

NUMÉRAIRE. Dénominateur commun auquel on rapporte les différentes espèces de richesse pour en comparer le prix.

CAPITAL IMMATÉRIEL. Partie de la richesse nationale que possèdent ceux des capitalistes dont la richesse est renfermée dans leur portefeuille. C'est le droit d'exiger un nouveau travail, détaché du fruit du travail précédent déjà donné en échange. Enfin c'est un droit en participation au revenu du capital matériel.

PRIX. La quantité d'une espèce de richesses, à laquelle on estime qu'une autre espèce de richesses est égale.

PRIX NÉCESSAIRE. Celui qui comprend en soi la rente des capitaux fixes, le profit, et le salaire des entrepreneurs qui ont produit la chose évaluée, mais qui limite ces trois revenus à la quantité requise pour que les producteurs ne se dégoûtent pas et ne quittent pas le travail.

PRIX INTRINSÈQUE. Celui qui comprend en soi outre le prix nécessaire, une rétribution payée à un propriétaire de terre, en compensation de l'ouvrage de la nature, dans la production de la matière première. Le prix intrinsèque du produit d'une manufacture, est composé des salaires profits et rentes nécessaires pour les mettre à la portée des acheteurs, calculés au prix courant, dans un tems et un lieu donnés.

PRIX RELATIF. Sacrifice que l'acheteur est disposé à faire pour se procurer une marchandise, calculé sur le besoin qu'il en a, comparé avec les facilités qu'il a pour s'en pourvoir ou pour y suppléer.

ÉTENDUE DU MARCHÉ. Nombre de consommateurs qui peuvent concourir à l'achat des
marchandises d'un producteur. Où qu'un producteur soit placé, son marché s'étend jusqu'à tout consommateur qui offre un prix
relatif égal au prix intrinsèque de sa marchandise rendue chez lui.

ACCIDENT. Effet d'un impôt qui altère le
prix des marchandises, il comprend outre
l'impôt, le profit que légitiment toutes les
avances d'argent subséquentes, destinées à le
rembourser.

PRIX ACCIDENTEL. Le prix intrinsèque plus
l'accident.

PRIX NUMÉRIQUE. Rapport de la valeur
d'une certaine chose, avec celle de la mesure commune des richesses humaines. Il
désigne le nombre et le poids des espèces
courantes contre lesquelles une marchandise
peut être échangée.

PRIX RÉEL. Sacrifice que fait actuellement
l'acheteur pour se procurer la chose dont il a
besoin.

Fin du Tome premier.

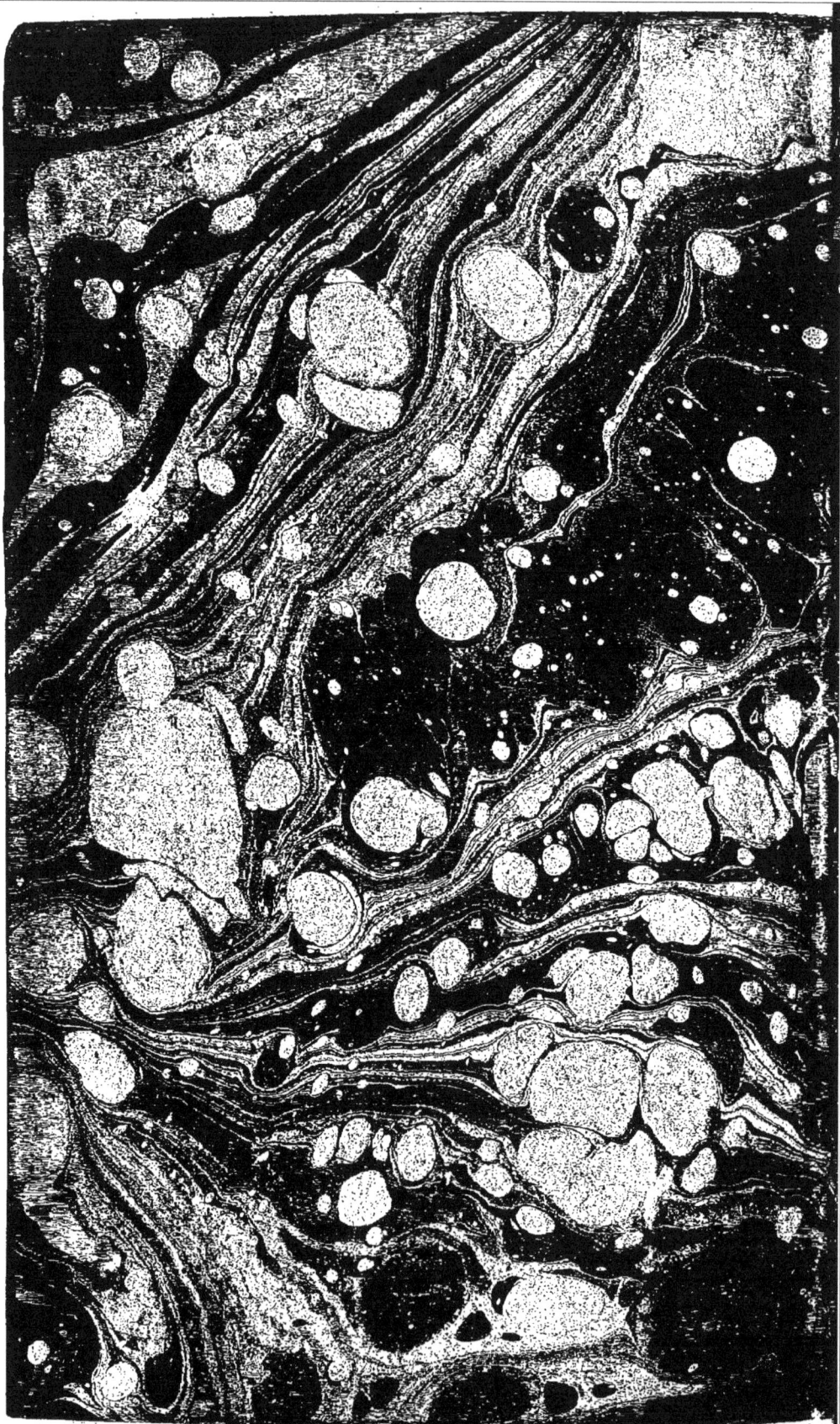

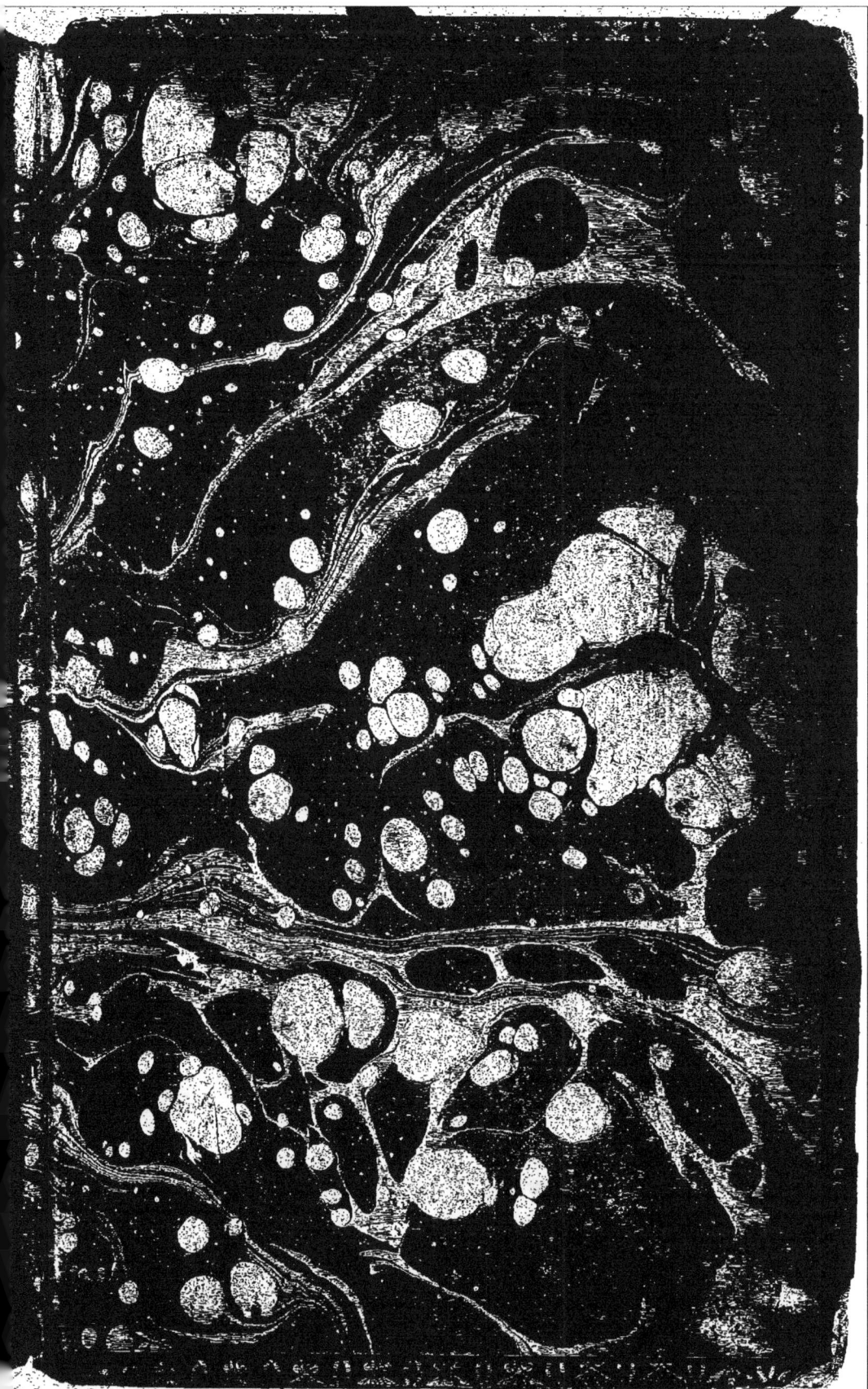

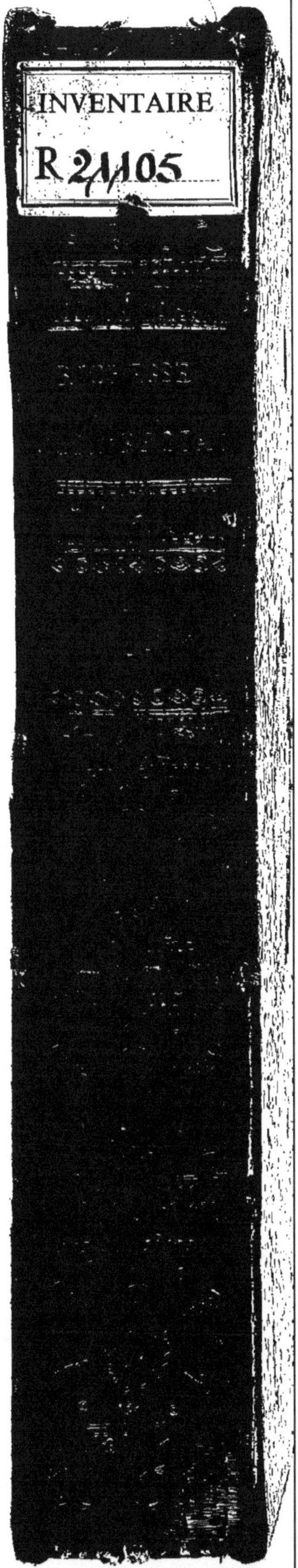
INVENTAIRE
R 21105